OBRAS DE ROLAND BARTHES

1. *Fragmentos de um Discurso Amoroso*
2. *O Grau Zero da Escrita*
3. *Mitologias*
4. *A Câmara Clara*
5. *Lição*
6. *Elementos de Semiologia*
7. *Crítica e Verdade*
8. *O Óbvio e o Obtuso*
9. *O Prazer do texto precedido de Variações sobre a Escrita*
10. *Ensaios Críticos*
11. *Roland Barthes por Roland Barthes*

Roland Barthes por Roland Barthes

TÍTULO ORIGINAL
Roland Barthes

TRADUÇÃO
Jorge Constante Pereira e Isabel Gonçalves

DESIGN DE CAPA
FBA

DEPÓSITO LEGAL Nº 293816/09

Biblioteca Nacional de Portugal – Catalogação na Publicação
BARTHES, Roland, 1915-1980
Roland Barthes por Roland Barthes. – Reimp.
– (Obras de Roland Barthes ; 11)
ISBN 978-972-44-1565-9

CDU 821.133.1.4"19"
1Barthes,Roland

PAGINAÇÃO, IMPRESSÃO E ACABAMENTO
Pentaedro, Lda.
para
EDIÇÕES 70, LDA.
Maio de 2009

ISBN: 978-972-44-1565-9

EDIÇÕES 70, LDA.
Rua Luciano Cordeiro 123, 1º esq,
1069-157 Lisboa, Portugal
Telfs. 213 190 240, Fax. 213 190 249
e-mail: geral@edicoes70.pt

www.edicoes70.pt

BARTHES

Roland Barthes
por
Roland Barthes

70

Tout ceci doit être considéré comme dit par un personnage de roman.

(*Tradução:* Tudo isto deve ser considerado como dito por um personagem de romance.)

Agradeço aos amigos que me ajudaram na preparação deste livro:

Jean-Louis Bouttes, Roland Havas, François Wahl, para a elaboração do texto;

Jacques Azanza, Youssef Baccouche, Isabelle Bardei, Alain Benchaya, Myriam de Ravignan, Denis Roche, para a escolha das imagens.

HOTEL
BOULE d'OR
16

Aqui estão, para começar, algumas imagens: representam aquela parte do prazer que o autor oferece a si próprio ao acabar um livro. É um prazer fascinante (e, por isso mesmo, bastante egoísta). Apenas fixei as imagens que me perturbam, sem que eu saiba porquê (é a ignorância própria do fascínio, sendo, assim, imaginário o que eu disser de cada imagem).

Ora, reconheça-se, apenas me fascinam as imagens da minha juventude. Juventude que não foi infeliz graças ao afecto que me rodeava; foi, no entanto, bastante ingrata pela solidão e dificuldades materiais. O que me encanta nestas fotografias não é, portanto, a nostalgia de um tempo feliz, mas algo de mais indefinido.

A meditação (sideração) tudo perde de reflexão quando, sonhadora de uma identidade, destaca de si própria a imagem, libertada como ser, feita, assim, objecto de um prazer imediato. Tortura-se e encanta-se como uma visão que não é, de modo algum, morfológica (nunca me assemelho a mim próprio), mas sim orgânica. Abarcando todo o campo familiar, as gravuras actuam como um médium e relacionam-se com «aquilo» do meu corpo; provocam-me uma espécie de sonho diluído, cujas unidades – dentes, cabelos, nariz, magreza, pernas com meias compridas – me não pertencem, sem, no entanto, pertencerem a qualquer outra pessoa que não eu: eis-me, deste modo, num estado de inquietante familiaridade: vejo as entranhas do homem (aquilo de que não se pode falar). Daqui se conclui que a fotografia da juventude é, ao mesmo tempo, muito indiscreta (é o lado secreto do meu corpo que se dá a conhecer) e muito discreta (não é de mim que ela fala).

Assim, apenas se encontrarão aqui, misturadas no romance familiar, as representações duma pré-história do corpo – deste corpo que se encaminha para o trabalho, o prazer de escrever. Pois tal é o sentido teórico desta limitação: demonstrar que o tempo da narrativa (das gravuras) termina juntamente com a juventude do indivíduo: só há biografia enquanto a vida é improdutiva. Desde que produzo, desde que escrevo, é o próprio texto que se apropria (felizmente) do meu tempo narrativo. O texto nada pode contar; transporta o meu corpo para outros lugares, longe da minha pessoa imaginária, rumo a uma espécie de língua sem memória que é a do Povo, da massa insubjectiva (ou do sujeito generalizado), embora eu ainda dela esteja separado pelo meu modo de escrever.

O imaginário das imagens terminará, portanto, com a entrada na vida produtiva (que foi para mim a saída do sanatório). Surgirá, então, um outro imaginário: o da escrita. E para que este imaginário se possa expandir (pois tal é a intenção deste livro), sem nunca ser detido, fixado, justificado pela representação de um indivíduo civilizado, para que se liberte dos seus próprios signos, nunca figurativos, o texto seguir-se-á sem imagens, salvo as que a mão desenha.

A procura de amor.

Baiona, Baiona, cidade perfeita: fluvial, arejada por sonoros arredores (Mouserolles, Marrac, Lachepaillet, Beyris) e, no entanto, cidade fechada, cidade romanesca: Proust, Balzac, Plassans. Imaginário primordial da infância: a província como espectáculo, a História como odor, a burguesia como discurso.

Por um caminho semelhante, descendo regularmente até à Poterna (odores) e ao centro da cidade, cruzávamo-nos ali com alguma senhora da burguesia baionesa que regressava à sua casa de Arènes, trazendo na mão um embrulhinho do «Bon Goût».

Os três jardins.

«Esta casa era uma verdadeira maravilha ecológica: pequena, situada ao lado dum jardim bastante amplo, dir-se-ia um brinquedo-modelo em madeira (pois era tão suave o cinzento deslavado dos seus taipais). Modesta como uma vivenda, estava, no entanto, cheia de portas, de janelas baixas, de escadas laterais como um castelo de romance. Com um único rendeiro, o jardim abrangia, porém, três espaços simbolicamente diferentes (e transpor o limite de cada espaço era um acto notável). Atravessava-se o primeiro jardim para chegar à casa; era o jardim mundano, onde se acompanhava, ora a passo, ora parando, as senhoras baionesas. O segundo jardim, situado diante da própria casa, feito de pequenos arruamentos serpenteando em volta de dois relvados gémeos; ali cresciam rosas, hortênsias (flor ingrata do Sudoeste), a luisiana, o ruibarbo, ervas domésticas no interior de velhas caixas, uma grande magnólia cujas flores brancas alcançavam os quartos do primeiro andar; era ali que, durante o Verão, impávidas, a despeito da mosquitada, as Senhoras B. se instalavam em cadeiras baixas para fazer complicadas malhas. Ao fundo, o terceiro jardim, exceptuando um pequeno pomar de pessegueiros e de framboeseiros, era indefinido, ora inculto, ora cultivado com legumes grosseiros; ali pouco se ia e unicamente até à alameda central.»

O mundano, o caseiro, o selvagem; não será esta a própria tripartição do desejo social? Deste jardim baionês, passo sem admiração aos espaços romanescos e utópicos de Júlio Verne e Fourier.

(Esta casa já não existe hoje, levada pelo Imobiliário baionês.)

O jardim grande constituía um território bem estranho. Dir-se-ia que servia principalmente para enterrar as ninhadas suplementares de gatinhos. Ao fundo, uma ala mais sombria e duas bolas vazias de buxo: ali se deram alguns episódios de sexualidade infantil.

Fascina-me, ao fundo, a criada.

Os dois avós.

Aborrecia-se na velhice. Sempre sentado à mesa antes da hora (ainda que essa hora fosse incessantemente antecipada), vivia cada vez mais adiantado, tão grande era o seu aborrecimento. Não tinha qualquer discurso.

Gostava de caligrafar programas de audições musicais, ou de arranjar estantes, caixas, pequenos objectos de madeira. Também ele não tinha qualquer discurso.

As duas avós.

Uma era bela, parisiense. A outra era boa, provinciana: influenciada pela burguesia – não pela nobreza, da qual, no entanto, provinha –, tinha um sentimento vivo do relato social que ela desenvolvia com um esmerado francês de convento onde se mantinham os imperfeitos do conjuntivo; o mexerico mundano incendiava-a como uma paixão amorosa; o objecto principal da curiosidade era uma certa Sra. Leboeuf, viúva de um farmacêutico (que havia enriquecido com a invenção de um coltar), de corpo semelhante a uma relva negra, de anéis e bigodes; tratava-se de a atrair ao chá mensal (continua em Proust).

(Nestas duas grandes famílias, o discurso pertencia às mulheres. Matriarcado? Na China, há muito tempo, toda a comunidade era enterrada em redor da avó.)

A irmã do pai: ficou sozinha toda a vida.

O pai, falecido muito cedo (na guerra), não estava abrangido por qualquer discurso de recordação ou de sacrifício. Pela substituição maternal, a sua memória, nunca opressiva, apenas fazia aflorar a infância, de uma gratidão quase silenciosa.

O focinho branco do carro eléctrico da minha infância.

Muitas vezes, já à tardinha, ao regressar, serpenteando pelas alamedas marinhas ao longo do Adour: árvores grandes, barcos sem dono, passeantes ociosos, variante do tédio: ali pairava uma sexualidade de jardim público.

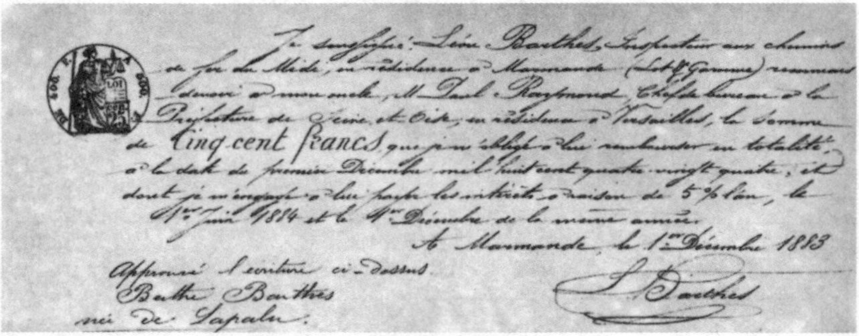

Je soussigné Léon Barthes, Inspecteur aux chemins de fer du Midi, en résidence à Marmande (Lot & Garonne) reconnais devoir à mon oncle, M. Paul Raymond, Chef de bureau à la Préfecture de Seine et Oise, en résidence à Versailles, la somme de Cinq cent francs, que je m'oblige à lui rembourser en totalité, à la date du premier Décembre mil huit cent quatre vingt quatre, et dont je m'engage à lui payer les intérêts à raison de 5 % l'an, le 1er Juin 1884 et le 1er Décembre de la même année.

A Marmande, le 1er Décembre 1883

Approuvé l'écriture ci-dessus.
Berthe Barthes
née de Lapalu.

L. Barthes

Não foi a escrita durante séculos o reconhecimento de uma dívida, a garantia de uma troca, o sinal de uma representação? Mas hoje a escrita, abandonando docemente as dívidas burguesas, vai até à perversão, ao fim último do sentido, ao texto...

O romance familiar.

Donde vêm eles? Duma família de notários do Alto-Garona. Eis-me ali integrado numa raça, numa classe. A fotografia, policial, assim o demonstra. Este adolescente, de olhos azuis e cotovelo pensativo, será o pai do meu pai. Último estádio desta descida: o meu corpo. A linhagem acabou por produzir um ser para nada.

De geração em geração, o chá: índice burguês e encanto certo.

O estádio do espelho:
«tu és isso».

Do passado, é a minha infância que mais me fascina; ao olhá-la, só ela me não desperta o pesar do tempo passado. Pois não é o irreversível que descubro nela, mas sim o irredutível: tudo o que ainda existe em mim, por sucessiva passagem; eu leio na criança, como em página aberta, o avesso negro de mim mesmo, o tédio, a vulnerabilidade, a aptidão para os desesperos (felizmente plurais), a emoção interna, impedida para sua infelicidade de toda a expressão.

Contemporâneos?

Começava a andar, Proust ainda vivia e terminava La Recherche.

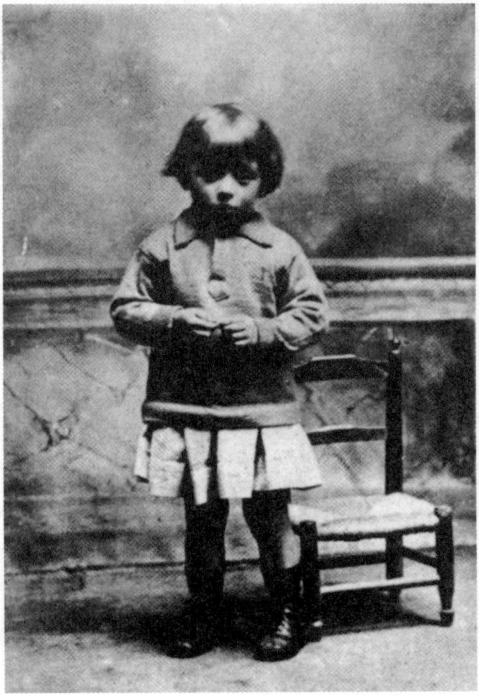

Quando criança aborrecia-me muitas vezes e muito. Esse sentimento começou visivelmente muito cedo e continuou durante toda a minha vida, por baforadas (cada vez mais raras, é certo, graças ao trabalho e aos amigos), e isso viu-se sempre. É um tédio de pânico que vai até à angústia: o mesmo que sinto agora nos colóquios, conferências, noites entre estranhos, divertimentos em grupo: em toda a parte onde se pode ver o *aborrecimento. Será o tédio, portanto, a minha histeria?*

Angústia: a conferência.

Tédio: a mesa-redonda.

«A delícia destas manhãs em U: o sol, a casa, as rosas, o silêncio, a música, o café, o trabalho, a quietude assexual, a ausência das agressões...»

A família sem a familiaridade.

«Nós sempre nós»...

...com os amigos próximo.

Mutação brusca do corpo (à saída do sanatório): passa (ou julga passar) da magreza à obesidade. Desde então, o debate perpétuo com este corpo para lhe devolver a sua magreza essencial (imaginário de intelectual: emagrecer é o acto ingénuo do querer-ser-inteligente).

Naquele tempo, os liceais eram já uns homenzinhos.

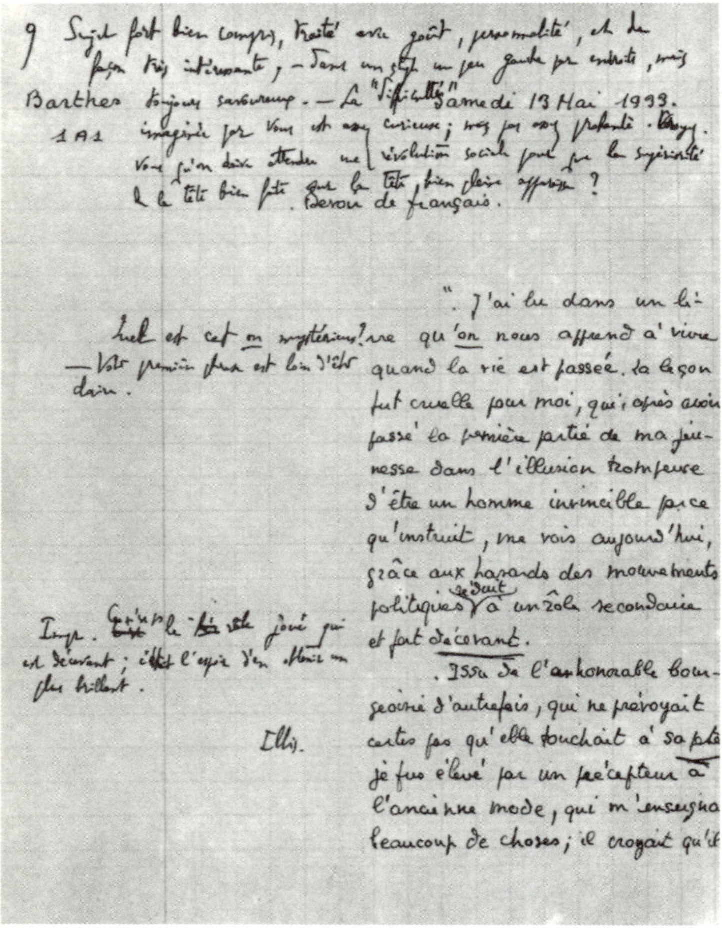

9 Sujet fort bien compris, traité avec goût, personnalité, et de façon très intéressante, — dans un style un peu gauche par endroits, mais toujours savoureux.

Barthes — Samedi 13 Mai 1933.

1 A 1 — Devoir de français.

". J'ai lu dans un livre qu'on nous apprend à vivre quand la vie est passée. La leçon fut cruelle pour moi, qui, après avoir passé la première partie de ma jeunesse dans l'illusion trompeuse d'être un homme invincible parce qu'instruit, me vois aujourd'hui, grâce aux hasards des mouvements politiques, réduit à un rôle secondaire et fort décevant.

. Issu de l'archonorable bourgeoisie d'autrefois, qui ne prévoyait certes pas qu'elle touchait à sa perte, je fus élevé par un précepteur à l'ancienne mode, qui m'enseigna beaucoup de choses; il croyait qu'il

Quel est cet on mystérieux? — Votre premier jugement est loin d'être clair.

Ellis.

Toda a lei que oprime um discurso está insuficientemente fundamentada.

Dario, papel que eu representava sempre com o maior receio, tinha duas longas tiradas em que eu, sem cessar, corria o risco de me atrapalhar: sentia-me fascinado pela tentação de pensar noutra coisa. *Pelos pequenos buracos da máscara, nada podia ver, a não ser muito longe, muito alto; enquanto recitava as profecias do rei morto, o meu olhar poisava em objectos inertes e livres, uma janela, uma galeria, uma ponta de céu: esses, ao menos, não tinham medo. Detestava-me por me ter deixado apanhar nesta desconfortável armadilha – enquanto que a minha voz continuava a sua monótona recitação, desprovida das* expressões *que lhe deveria ter dado.*

Donde vem aquele ar? A Natureza? O Código?

A tuberculose-recuo.

(Todos os meses se colava uma nova folha na extremidade da anterior; no fim, havia metros de folhas: modo-farsa de escrever o seu corpo no tempo.)

Doença sem dor, incoerente, doença característica, sem odores, sem «isso»: não tinha outros vestígios senão o tempo, interminável, e o tabu social do contágio; quanto ao resto, estava-se doente ou curado, abstractamente, por mera decisão do médico; e, enquanto que outras doenças individualizam, a tuberculose projecta-vos numa pequena sociedade etnográfica que se parecia com o povoado, o convento e o falanstério: ritos, violências, protecções.

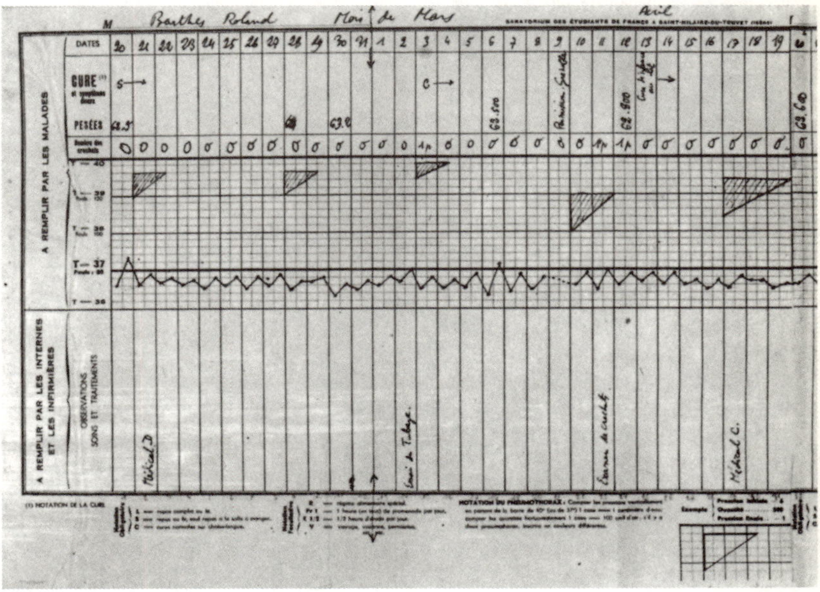

Mas eu nunca fui assim! – Como sabe? Que é este «alguém» relativamente ao qual vos assemelhais ou não assemelhais? Onde integrá-lo? Em que padrão morfológico ou expressivo? Sois o único que não pode nunca ver-vos senão em imagem, nunca vedes os vossos olhos senão embrutecidos pelo olhar que projectam no espelho ou na objectiva (interessar-me-ia apenas ver os meus olhos quando te olham): mesmo e sobretudo para o vosso corpo, estais condenado ao imaginário.

1942

1970

O meu corpo só está livre de todo o imaginário quando reencontra o seu espaço de trabalho. Este espaço é o mesmo em toda a parte; pacientemente adaptado ao prazer de pintar, de escrever, de classificar.

Rumo à escrita.

As árvores são alfabetos, diziam os Gregos. De todas as árvores-letras, a palmeira é a mais bela. Da literatura, abundante e distinta como o leque dos seus ramos, ela possui o efeito maior: a base.

No Norte, um pinheiro solitário
Ergue-se numa colina árida.
Dormita; a neve e o gelo
Vestem-no com um casaco branco.

Sonha com uma bela palmeira,
Lá em baixo, no país do sol,
Que se angustia, morna e solitária,
Sobre o penhasco de fogo.

Heinrich Heine

Activo/reactivo

Naquilo que ele escreve, há dois textos. O texto I é reactivo, movido por indignações, medos, ripostas interiores, pequenas paranóias, defesas, cenas. O texto II é activo, movido pelo prazer. Mas, ao escrever-se, ao corrigir-se, ao vergar-se à ficção do Estilo, o texto I torna-se activo; a partir daí perde a sua pele reactiva, que apenas subsiste em placas (em pequenos parêntesis).

O adjectivo

Ele suporta mal qualquer *imagem* de si próprio, sofre ao ser citado. Considera que a perfeição duma relação humana depende dessa ausência da imagem: abolir entre si, de um para o outro, os *adjectivos;* uma relação que é adjectivada está do lado da imagem, do lado da dominação, da morte.

(Era visível que em Marrocos não tinham de mim qualquer imagem; o esforço que eu fazia, como bom ocidental, para ser *isto* ou *aquilo*, ficava sem resposta: nem *isto* nem *aquilo* me eram devolvidos sob a forma dum belo adjectivo; não lhes passava pela cabeça comentar-me, antes se recusavam, sem dar conta, a alimentar e afagar o meu imaginário. Num primeiro momento, esse tom mate da relação humana tinha algo de esgotante; mas surgia, pouco a pouco, como um bem de civilização ou como a forma realmente dialéctica do convívio amoroso.)

O à-vontade

Edonista (pois pensa sê-lo), aspira a um estado que é, em suma, o conforto; mas esse conforto é mais complicado do que o conforto doméstico, cujos elementos são fixados pela nossa sociedade: trata-se dum conforto que ele vai conseguindo, que ele vai construindo para si próprio (como o meu avô B., que tinha arranjado, no fim da vida, um pequeno estrado junto da janela para poder ver melhor o jardim ao mesmo tempo que trabalhava). Poder-se-ia chamar, a esse conforto pessoal, o *à-vontade*. Ao à-vontade é conferida uma dignidade teórica («Não temos nada que nos pôr à distância do formalismo mas, simplesmente, à vontade», *1971,* I(*)) e igualmente uma forma ética: é a perda completa de todo e qualquer heroísmo, *mesmo em pleno gozo.*

O demónio da analogia

O alvo da sanha de Saussure é o *arbitrário* (do signo). O dele, é a *analogia.* As artes «analógicas» (cinema, fotografia), os métodos analógicos (a crítica universitária, por exemplo), são desacreditados. Porquê? Porque a analogia implica um efeito de Natureza: erige o «natural» em fonte de verdade; e o que aumenta a maldição da analogia é o facto de ser irreprimível (*Ré*, 23): mal uma forma é apercebida, *forçosamente* se assemelha a

(*) Ver no final as referências dos textos citados. (*Nota à edição francesa*)

alguma coisa: a humanidade parece estar condenada à Analogia – ou seja, ao fim e ao cabo, à Natureza. Daí o esforço dos pintores e dos escritores para lhe escapar. De que modo? Por meio de dois excessos opostos ou, se preferirmos, de duas *ironias,* que ridicularizam a Analogia: ora fingindo um respeito espectacularmente *chão* (é a Cópia que, quanto a ela, está salva); ora deformando *regularmente* – segundo regras – o objecto mimado (é a Anamorfose, *CV*, 64).

Fora destas transgressões, aquilo que se opõe beneficamente à pérfida Analogia é a simples correspondência estrutural: a *Homologia,* que reduz a evocação do primeiro objecto a uma alusão proporcional (etimologicamente – ou seja, em épocas felizes da linguagem – analogia queria dizer *proporção).*

(O touro vê tudo vermelho quando o seu logro lhe salta aos olhos; os dois vermelhos coincidem, o da cólera e o da capa: o touro fica em plena analogia, isto é, em *pleno imaginário.* Quando resisto à analogia, estou efectivamente a resistir ao imaginário, ou seja, à coalescência do signo, à similitude do significante e do significado, ao homeomorfismo das imagens, ao Espelho, ao logro cativante. Todas as explicações científicas que recorreram à analogia – e são aos magotes – participam no logro e constituem o imaginário da Ciência.)

No quadro preto

O Sr. B., professor da classe da Terceira A do liceu Louis-le-Grand, era um velhote, socialista e nacional. Ao iniciar o ano, arrolava solenemente no quadro preto os pais de alunos que tinham «tombado no campo da honra»; os tios e os primos abundavam, mas eu fui o único a poder anunciar um pai; isso envergonhou-me, como se fosse um cunho excessivo. No entanto, quando se apagava o quadro, nada restava desse luto proclamado – a não ser na vida real, que é, ela, sempre silenciosa, a figura dum lar sem amarras sociais: nenhum pai para matar, nenhuma família para odiar, nenhum ambiente para censurar: grande frustração edipiana!

(Este mesmo Sr. B., ao sábado à tarde e à guisa de distracção, pedia a um aluno que fornecesse um tema de reflexão, um qualquer, e, por mais extravagante que esse tema fosse, ele nunca deixava de extrair dele um pequeno ditado, que ia improvisando ao mesmo tempo que passeava pela sala, demonstrando assim o seu domínio moral e o seu à-vontade na redacção.)

Afinidade carnavalesca, esta, entre o fragmento e o ditado: o ditado há-de voltar por vezes aqui, como figura obrigatória da escrita social, farrapo da redacção escolar.

O dinheiro

Foi, pela pobreza, uma criança *dessocializada,* mas não uma criança desclassificada: não pertencia a nenhum meio (em B., local burguês, apenas ia passar férias: *de visita,* como num espectáculo); não participava nos valores da burguesia, com os quais podia indignar-se, já que a seus olhos eles não eram senão cenas de linguagem, próximas do género romanesco; apenas participava na sua arte de viver *(1971,* II). Esta arte subsistia, incorruptível, durante as crises financeiras; não se chegava a conhecer a miséria, apenas as dificuldades, isto é: o terror dos prazos, os problemas de férias, de calçado, de livros escolares e até de alimentação. Destas privações *suportáveis* (como o são sempre as dificuldades financeiras) talvez tenha surgido uma pequena filosofia da livre compensação, da sobredeterminação dos prazeres, do *bem-estar* (que é precisamente o antónimo da dificuldade financeira). O seu problema formativo foi sem dúvida o dinheiro, não o sexo.

No plano dos valores, o dinheiro tem dois sentidos contrários (é um enantiosema): é veementemente condenado, sobretudo no teatro (muitos comentários acerca do teatro do dinheiro, por volta de 1954), e depois reabilitado, no seguimento de Fourier, por reacção contra os três moralismos que lhe são opostos: o marxista, o cristão e o freudiano (*SFL*, 90). No entanto é evidente que o que se defende não é o dinheiro retido, encafuado, engolido, mas sim o dinheiro gasto, esbanjado, conduzido pelo próprio movimento da perda, abrilhantado pelo luxo duma produção; o dinheiro torna-se então, metaforicamente, ouro: o Ouro do Significante.

O navio Argos

Imagem frequente: a do navio Argos (luminoso e branco) em que os Argonautas substituíam pouco a pouco cada peça, de tal forma que acabaram por ter um navio inteiramente novo sem lhe terem mudado o nome nem a forma. É bem útil, este navio Argos: fornece a alegoria dum objecto eminentemente estrutural, criado não pelo génio, pela inspiração, pela determinação ou pela evolução, mas sim por dois actos modestos (que não podem ser apreendidos por nenhuma mística da criação): a *substituição* (uma peça expulsa a outra, como num paradigma) e a *nomeação* (o nome não está de forma nenhuma ligado à estabilidade das peças): de tanto combinar adentro dum mesmo nome, nada resta já da origem; Argos é um objecto sem outra causa senão o seu nome, sem outra identidade senão a sua forma.

Outro Argos: tenho dois espaços de trabalho, um em Paris, o outro no campo. Entre um e outro, nenhum objecto comum, pois nunca nada é transportado. No entanto esses locais são idênticos. Porquê? Porque a disposição dos utensílios (papel, canetas, mesas, relógios, cinzeiros) é a mesma; é a estrutura do espaço que lhes confere identidade. Este fenómeno privado seria suficiente para um esclarecimento sobre o estruturalismo: o sistema prevalece sobre o ser dos objectos.

A arrogância

Ele não gosta dos discursos de vitória. Suportando mal a humilhação de quem quer que seja, logo que uma vitória se desenha algures, fica com vontade de se mudar para *outro lado* (se fosse deus, havia de inverter sem cessar as vitórias – o que de resto Deus faz!). Transposta para o plano do discurso, a vitória mais justa torna-se um mau valor de linguagem, uma *arrogância:* o termo, reencontrado em Bataille, que fala algures das arrogâncias da ciência, estendeu-se a todos os discursos triunfantes. Sofro portanto com três arrogâncias: a da Ciência, a da *Doxa,* a do Militante.

A Doxa (palavra que reaparecerá com frequência) é a Opinião pública, o Espírito maioritário, o Consenso pequeno-burguês, a Voz do Natural, a Violência do Preconceito. Pode chamar-se doxologia (termo de Leibniz) a toda a maneira de falar adaptada à aparência, à opinião ou à prática.

Ele lamentava por vezes ter-se deixado intimidar por linguagens. Havia então quem lhe dissesse: mas se não fosse isso não teria podido escrever! A arrogância circula como um vinho forte entre os convivas do texto. O intertexto não compreende apenas textos delicadamente escolhidos, secretamente amados, livres, discretos, generosos, mas também textos comuns, triunfantes. Nós próprios podemos ser o texto arrogante de um outro texto.

Não é muito útil dizermos «ideologia dominante», pois é um pleonasmo: a ideologia não é senão a ideia enquanto domina (*PlT*, 53). Mas posso reforçar subjectivamente dizendo: *ideologia arrogante*.

O gesto do arúspice

Em *S/Z*, pág. 20, a lexia (o fragmento de leitura) é comparada com esse bocado de céu recortado pelo bastão do arúspice. Esta imagem agradou-lhe: devia ser belo, outrora, esse bastão apontado para o céu, para o inapontável; e, para mais, é um gesto louco: traçar solenemente um limite do qual imediatamente *nada* resta a não ser a remanescência intelectual dum recorte, entregar-se à preparação totalmente ritual e totalmente arbitrária dum sentido.

O assentimento, não a opção

«De que é que se trata? Da guerra da Coreia. Um pequeno grupo de voluntários das forças francesas patrulha vagamente o mato da Coreia do Norte. Um deles, ferido, é recolhido por uma rapariguinha coreana, que o conduz à sua aldeia, onde é acolhido pelos camponeses: o soldado opta por ficar entre eles, com eles. *Optar*, pelo menos é essa a nossa linguagem. Mas não é exactamente a de Vinaver: na realidade não assistimos nem a uma opção, nem a uma conversão, nem a uma deserção, mas antes a um *assentimento* progressivo: o soldado aquiesce ao mundo coreano que descobre...»

(A propósito de *Aujourd'hui ou les Coréens,* de Michel Vinaver, *1956*).

Muito mais tarde (1974), por ocasião da viagem à China, tentou retomar esse termo de *assentimento* para fazer compreender aos leitores do *Monde* – isto é, ao *seu* mundo – que ele não «optava» pela China (faltavam-lhe demasiados elementos para iluminar essa opção) mas que *aquiescia* no silêncio (a que chamou «insipidez»), tal como o soldado de Vinaver, ao que lá se construía. Isto não foi de modo nenhum compreendido: aquilo que o público intelectual exige é uma *opção:* era preciso sair da China como um touro que irrompe do touril na praça pejada: furioso ou triunfante.

Verdade e asserção

O seu mal-estar, por vezes muito agudo – indo certas noites, depois de escrever durante todo o dia, até uma espécie de medo –, provinha da sensação que tinha de produzir um discurso duplo, em que o modo excedia de certa maneira o objectivo; pois que o objectivo do seu discurso não é a verdade e esse discurso é, todavia, assertório.

(Foi um incómodo que desde muito cedo sentiu; esforça-se por dominá-lo – pois de outra forma teria de parar de escrever – dizendo a si mesmo que é a linguagem que é assertória e não ele. Que solução irrisória, todos concordarão, essa de acrescentar a cada frase um tipo qualquer de cláusula de incerteza, como se qualquer coisa que proviesse da linguagem pudesse abalar a linguagem.)

(Por virtude dum mesmo sentimento, ele imagina que vai ferir com cada coisa que escreve um dos seus amigos – nunca o mesmo: é rotativo.)

A atopia

Catalogado: estou catalogado, adstrito a um local (intelectual), a uma residência de casta (senão de classe). Contra isto, uma só doutrina interior: a da *atopia* (o habitáculo à deriva). A atopia é superior à utopia (a utopia é reactiva, táctica, literária, provém do sentido e impele-o).

A autonímia

A cópia enigmática, a que interessa, é a cópia desprendida: ao mesmo tempo reproduz e inverte: só pode reproduzir invertendo, perturba o encadeamento infinito das réplicas. Esta noite, os dois criados do Flore vão tomar o aperitivo ao Bonaparte; um leva a «senhora» dele, o outro esqueceu-se de tomar os supositórios contra a gripe; são servidos (Pernod e Martini) pelo jovem criado do Bonaparte que está, esse, de serviço («desculpe, não sabia que era a sua senhora»): a coisa vai girando, com familiaridade e reflexividade, e todavia os papéis conservam-se forçosamente separados. Mil exemplos desta *reverberação,* sempre fascinante: barbeiro que é barbeado, engraxador (em Marrocos) a quem engraxam os sapatos, cozinheira que cozinha para si própria, actor que vai ao teatro no dia de folga, cineasta que vê filmes, escritor a ler livros; a Sr.ª M., dactilógrafa já idosa, não consegue escrever sem rasurar a palavra «rasuras»; M., intermediário, não encontra ninguém que lhe arranje (para seu uso pessoal) aquilo que fornece aos seus clientes, etc.. Tudo isto é a *autonímia:* o estrabismo inquietante (cómico e sensaborão) duma operação em anel: algo semelhante a um anagrama, a uma sobreimpressão invertida, a um esmagamento de níveis.

A «baladeuse»

Havia outrora um eléctrico branco que fazia o serviço entre Bayone e Biarritz; no Verão, atrelava-se-lhe uma carruagem toda aberta, sem ilhargas: era a «baladeuse». Grande animação, toda a gente queria viajar nela: ao longo duma paisagem pouco carregada, gozava-se ao mesmo tempo o panorama, o movimento e a aragem. Hoje já não existem nem a «baladeuse» nem o eléctrico e a viagem é uma estopada. Não se trata com isto de embelezar miticamente o passado, nem de afirmar as saudades duma juventude perdida, fingindo-se que se lamenta um eléctrico. Isto é para dizer que a arte de viver não tem história: não evolui: o prazer que tomba, tomba para todo o sempre, não é substituível. Outros prazeres vêm, que não substituem nada. *Não há progresso nos prazeres,* há apenas mutações.

Quando eu jogava à barra...

Quando eu jogava à barra, no Luxemburgo, o meu maior prazer não residia em provocar o adversário e oferecer-me temerariamente ao seu direito de captura; residia em libertar os prisioneiros – o que acarretava como consequência voltar a pôr todas as partes em circulação: o jogo voltava ao princípio.

No grande jogo dos poderes de palavra, também se joga à barra: uma linguagem domina outra apenas temporariamente; basta que uma terceira se destaque para que o assaltante seja obrigado a retirar: no conflito das retóricas, a vitória cabe sempre apenas *à terceira linguagem.* Esta linguagem tem por função libertar os prisioneiros: espalhar os significados, os catecismos. Tal como na barra, *linguagem sobre linguagem,* até ao infinito, tal é a lei que move a logosfera. Daí, outras imagens: a da mão que escalda (mão sobre mão: à terceira regressa, já não é a primeira), a do jogo da pedra, da folha e da tesoura, a da cebola, folhado de peles sem caroço. Que a diferença não seja paga por nenhuma sujeição: nada de réplica derradeira.

Nomes próprios

Uma parte da sua infância foi absorvida por uma escuta particular: a dos nomes próprios da antiga burguesia baionesa, que ele ouvia repetir, dia fora, à avó, apaixonada pelos mundanismos provincianos. Esses nomes eram muito franceses e no entanto, mesmo dentro desse código por vezes eram muito originais; constituíam uma grinalda de significantes estranhos para os meus ouvidos (e a prova é que me lembro muito bem deles: porquê?): as Sr.as Leboeuf, Barbet-Massin, Delay, Voulgres, Poques, Léon, Froisse, de Saint-Pastou, Pichofneau, Poymiro, Novion, Puchulu, Chantal, Lacape, Henriquet, Labrouche, de Lasbordes, Didon, de Ligneroles, Garance. Como é possível ter uma relação amorosa com nomes próprios? Nem rasto de metonímia: essas senhoras não eram apetitosas, nem sequer graciosas. E, todavia, impossível ler um romance, ou Memórias, sem esta gulodice especial (ao ler Mme. de Genlis, perscruto com in- teresse os nomes da antiga nobreza). Não é apenas uma linguística dos nomes próprios que é precisa; é também uma erótica: o nome, tal como a voz, como o odor, seria o termo duma languidez: desejo e morte: «o último suspiro que fica das coisas», diz um autor do século passado.

Da estupidez, não tenho o direito...

Dum jogo musical que todas as semanas ouve na F. M. e lhe parece «estúpido», extrai o seguinte: a estupidez seria um caroço duro e impossível de fender, um *primitivo:* nada a fazer para o decompor *cientificamente* (se uma análise científica da estupidez fosse possível, toda a TV iria abaixo). O que é ela? Um espectáculo, uma ficção estética, talvez um fantasma? Talvez que tenhamos vontade de entrar no quadro? É belo, é sufocante, é estranho; e da estupidez não tenho o direito de dizer senão isto: *ela fascina-me.* O fascínio seria o sentimento *justo* que me deve inspirar a estupidez (se acaso o seu nome chegar a ser pronunciado); *envolve-me* (é intratável, nada há que tenha presa nela, apanha-nos no Jogo da Sardinha).

O amor por uma ideia

Durante algum tempo, entusiasmou-se pelo binarismo; o binarismo era para ele um verdadeiro objecto amoroso. Parecia-lhe que essa ideia nunca mais acabaria de ser explorada. Poder-se dizer tudo *com uma única diferença* produzia nele uma espécie de alegria, um espanto permanente.

Sendo as coisas intelectuais semelhantes às coisas amorosas, o que lhe agradava, no binarismo, era uma figura. Essa figura, voltava a encontrá-la mais tarde, idêntica, na oposição dos valores. O que fez afastar (nele) a semiologia foi antes de mais o princípio do prazer: uma semiologia que renunciou ao binarismo já não lhe interessa de modo nenhum.

A jovem burguesa

Em plena turbação política, ele toca piano e pinta aguarelas: todas as falsas ocupações duma jovem burguesa do século XIX. – Eu inverto o problema: o que é que ultrapassava, nas práticas da jovem burguesa de outrora, a sua feminilidade e a sua classe? Qual era a utopia destas condutas? A jovem burguesa produzia inutilmente, tolamente, para si própria, mas *produzia:* era a sua forma de despender as suas energias.

O amador

O Amador (aquele que faz pintura, música, desporto, ciência, sem espírito de mestria ou de competição), o Amador reconduz o seu prazer *(amator:* que ama e torna a amar); não se trata de modo nenhum de um herói (da criação, da proeza); instala-se *graciosamente* (para nada) no significante: na matéria imediatamente definitiva da música, da pintura; a sua prática, vulgarmente, não comporta qualquer *rubato* (esse roubo do objecto para benefício do atributo); é – talvez venha a ser – o artista contraburguês.

Censura de Brecht a R. B.

R. B. parece sempre querer *limitar* a política. Será que desconhece aquilo que Brecht parece ter escrito propositadamente para ele?

«Quero, por exemplo, viver com pouca política. Isso significa que não quero ser um sujeito político. Mas não que eu queira ser objecto de muita política. Ora, é preciso ser ou sujeito ou objecto da política; não há quaisquer outras alternativas; não é possível não ser nem um nem outro, nem deixar de ser os dois ao mesmo tempo; parece-me portanto indispensável fazer política e não me cabe a mim sequer determinar a quantidade dela que devo fazer. Posto isto, é muito possível que toda a minha vida deva ser consagrada à política, ou mesmo sacrificada a ela» (*Escritos sobre a Política e a Sociedade,* pág. 57).

O seu lugar (o seu *meio*) é a linguagem: é aí que ele aproveita ou rejeita, é aí que o seu corpo *pode* ou *não pode.* Sacrificar a sua vida linguageira ao discurso político? De boa vontade seria *sujeito,* mas não *falador* político (falador: aquele que despeja o seu discurso, o narra e ao mesmo tempo o notifica, o assinala). E é por não conseguir desprender o real político do seu discurso geral, *repetido,* que o político(*) lhe está vedado. Pode, no entanto, fazer dessa barreira, pelo menos, o sentido *político* daquilo que escreve: é como que a testemunha histórica duma contradição: a dum sujeito político *sensível, ávido e silencioso* (estas palavras não devem ser separadas).

O discurso político não é o único que se repete, se generaliza e se fatiga: logo que se verifica em qualquer lado uma mutação do discurso, logo se lhe segue uma vulgata e o seu cortejo esgotante de frases imóveis. Se este fenómeno comum lhe parece especialmente intolerável no caso do discurso político, é porque a repetição toma aqui o aspecto dum *cúmulo*: uma vez que o político se tem por ciência fundamental do real, dotamo-la fantasmaticamente com um derradeiro poder: o de dominar a linguagem, reduzindo toda a tagarelice ao seu resíduo de real. Como então tolerar sem mágoa que

(*) Mantém-se o masculino, como o faz R. B., ainda que seja evidente que nunca é o actor político o que está em causa. (*N.T.*)

o político enfileire também nas linguagens e se torne tagarelice?

(Para o discurso político não ser apanhado na repetição, é preciso que se verifiquem condições raras: que ele próprio institua um novo modo de discursividade (é o caso de Marx); ou então que, muito mais modestamente, através duma simples *inteligência* da linguagem – através da ciência dos seus efeitos peculiares –, um autor produza um texto político que seja ao mesmo tempo estrito e livre, que assuma o cunho da sua singularidade estética, como se inventasse e variasse aquilo que foi dito: é o caso de Brecht, nos *Escritos sobre a Política e a Sociedade;* ou então, ainda, que o político, numa profundidade obscura e como que inverosímil, arme e transforme a própria matéria da linguagem; é o Texto, o de *Lois*, por exemplo.)

A chantagem à teoria

Muitos textos de vanguarda (ainda não publicados) são *incertos:* como julgá-los, como retê-los, como predizer-lhes um futuro, imediato ou longínquo? Será que agradam? Será que aborrecem? A sua qualidade evidente é de ordem intencional: todos se esforçam por servir a teoria. Todavia essa qualidade é também uma chantagem (uma chantagem à teoria): ame-me, guarde-me, defenda-me, uma vez que estou conforme com a teoria que o senhor apregoa; pois não será verdade que faço aquilo que fizeram Artaud, Cage, etc.? – Mas Artaud não é apenas «vanguarda»; é *também* escrita; Cage tem *também* encanto... – Isso são atributos que, *precisamente,* não são reconhecidos pela teoria, até são por vezes vomitados por ela. Comunique ao menos as suas preferências e as suas ideias, etc. *(A cena continua, infinita.)*

Charlot

Em criança, não gostava por aí além dos filmes de Charlot, foi só mais tarde que, sem se deixar cegar pela ideologia confusa e lenificante do personagem (*My*, 40), encontrou uma espécie de delícia nessa arte a um tempo tão popular (que o foi) e muito arrevesada; era uma arte *composta,* que se servia de vários gostos e de várias linguagens. Artistas destes causam uma alegria completa porque dão a imagem duma cultura simultaneamente diferencial e colectiva: plural. Essa imagem funciona então como o terceiro termo, o termo subversivo dessa oposição em que nos encerrámos: cultura de massas ou cultura superior.

Repleto quanto a cinema

Resistência ao cinema: aqui o próprio significante é, sempre, por natureza, liso, qualquer que seja a retórica dos planos; trata-se, sem remissão, de um continuum de imagens; a película (bem denominada: é uma pele sem falhas) *segue,* como uma fita tagarela: impossibilidade estatutária do fragmento, do *haiku.* Constrangimentos de representação (análogos às rubricas obrigatórias da língua) obrigam a receber tudo: dum homem que caminha na neve, mesmo antes que ele signifique, tudo me é dado; na escrita, pelo contrário, não sou obrigado a ver como são feitas as unhas do herói – mas o Texto diz-me, se lhe apetecer, e com que força, as unhas demasiado longas de Hölderlin.

(Isto parece-me, mal acabo de o escrever, uma confissão de imaginário; eu devia tê-la enunciado como uma palavra sonhadora que tentasse saber porque é que resisto ou desejo; infelizmente estou condenado à asserção: falta em francês (e talvez em todas as línguas) um modo gramatical que dissesse *levemente* (o nosso condicional é demasiado pesado), não a dúvida intelectual, mas o valor que tenta converter-se em teoria.)

Cláusulas

Frequentemente, nas *Mitologias*, o político encontra-se na ponta final (por exemplo: «Vê-se portanto que as belas imagens de *Continente Perdido* não podem ser inocentes; não pode ser inocente o *perder-se o continente* que se voltou a encontrar em Bandoeng»). Este género de cláusulas tem indubitavelmente uma função tripla: retórica (o quadro encerra-se decorativamente), sinalética (há análises temáticas que são recuperadas, *in extremis*, por um projecto de comprometimento) e económica (tenta-se substituir a dissertação política por uma elipse mais leve; a não ser que essa elipse não seja senão o processo leviano pelo qual se despede uma demonstração *que é óbvia*).

No Michelet, a ideologia deste autor é despachada numa página (inicial). R. B. guarda e evacua o sociologismo político: guarda-o como assinatura e evacua-o como aborrecimento.

A coincidência

Gravo-me tocando piano; de início, é por curiosidade de *me ouvir*; mas bem depressa deixo de me ouvir; aquilo que ouço é, por mais pretensioso que pareça afirmá-lo, o estar cá de Bach e de Schumann, a materialidade pura da sua música; tratando-se da minha enunciação o predicado perde toda a pertinência; em contrapartida, facto paradoxal, ao ouvir Richter ou Horowitz

Prazer gráfico:
antes da pintura, a música.

acodem-me mil adjectivos: ouço-os a eles e não Bach ou Schumann. – Então que se passa? Quando me ouço *tendo tocado* – e depois de ultrapassado um primeiro momento de lucidez em que me apercebo, um a um, de todos os erros que cometi –, verifica-se uma espécie de coincidência rara: o passado da minha execução coincide com o presente da minha audição e nesta coincidência o comentário é abolido: apenas fica a música (é óbvio que aquilo que resta não é de modo nenhum a «verdade» do texto, como se eu tivesse encontrado o «verdadeiro» Schumann ou o «verdadeiro» Bach).

Quando finjo escrever sobre aquilo que escrevi outrora, verifica-se da mesma maneira um movimento de abolição, não de verdade. Não tento pôr a minha expressão actual ao serviço da minha verdade anterior (em regime clássico, este esforço teria sido santificado sob o nome de *autenticidade*), renuncio à busca esgotante dum antigo fragmento de mim mesmo, não tento *restaurar-me* (tal como se diz dum monumento). Não digo: «Vou descrever-me», mas sim: «Escrevo um texto e chamo-lhe R. B.». Prescindo da imitação (da descrição) e entrego-me à nomeação. Pois não sei eu que *no campo do sujeito não existe referente?* O facto (biográfico, textual) é abolido no significante porque coincide imediatamente com ele: ao *escrever-me* estou apenas a repetir a operação extrema graças à qual Balzac fez coincidir, em *Sarrasine,* a castração e a castradura: sou eu o meu próprio símbolo, sou a história que me acontece: em roda livre na linguagem, não tenho nada a que me comparar; e, nesse movimento, o pronome do imaginário, *«eu»*, encontra-se *impertinente*; o simbólico torna-se literalmente *imediato*: perigo essencial para a vida do sujeito: escrever sobre si mesmo pode parecer uma ideia pretensiosa; mas é também uma ideia simples: simples como uma ideia de suicídio.

Certo dia consultei, por desfastio, o *Yi King* acerca do meu projecto. Extraí o hexagrama 29: K'an, *The perilous Chasm:* perigo! despenhadeiro! abismo! (o trabalho presa da magia: *ao perigo*).

Comparação é razão

Ele faz uma aplicação a um tempo estrita e metafórica, literal e vaga, da linguística a qualquer objecto remoto: a erótica sadiana, por exemplo (*SFL* 34) – o que lhe dá autoridade para falar duma *gramática sadiana*. Do mesmo modo, aplica o sistema linguístico (paradigma/sintagma) ao sistema estilístico e classifica as correcções de autor de acordo com os dois eixos do papel (*NEC* 138); ainda do mesmo modo, toma gosto em estabelecer uma correspondência entre noções fourieristas e géneros medievais *(o apanhado-resumido* e a *ars minor, SFL* 95). Não inventa, nem sequer combina; traslada: para ele, comparação é razão: tem prazer em *deportar* o objecto, através duma espécie de imaginação que é mais homológica do que metafórica (comparam-se sistemas e não imagens); por exemplo, ao falar de Michelet, faz com Michelet aquilo que afirma que Michelet fez com a matéria histórica: age por deslizamento total, acaricia (*Mi*, 28).

Ele próprio se traduz a si mesmo por vezes, duplica uma frase com outra frase (por exemplo: «Mas *e se eu gostasse da solicitação? Se eu tivesse qualquer apetite maternal?*» *PlT*, 43). É como se, ao querer resumir-se, não se desenvencilhasse, amontoando resumo sobre resumo por não saber qual é o melhor.

Verdade e consistência

«A verdade está na consciência», diz Poe *(Eureka)*. Portanto, aquele que não tolera a consistência fecha-se a uma ética da verdade; abandona a palavra, a proposta, a ideia, logo que *ganham presa* e passam para o estado de sólido, de *estereótipo (estereos* quer dizer *sólido)*.

Contemporâneo de quê?

Marx: «Do mesmo modo que os povos antigos viveram a sua pré-história em imaginação, na *mitologia*, nós, alemães, vivemos a nossa pós-história em pensamento, na filosofia. Somos contemporâneos *filosóficos* do presente sem sermos os seus contemporâneos *históricos*.» Assim também, apenas sou o contemporâneo imaginário do meu próprio presente: contemporâneo das suas linguagens, das suas utopias, dos seus sistemas (ou seja, das suas ficções), em suma: da sua mitologia ou da sua filosofia, mas não da sua história, da qual apenas habito o reflexo dançante: *fantasmagórico*.

Elogio ambíguo do contrato

A primeira imagem que tem do *contrato* (do pacto) é, em suma, objectiva: o signo, a língua, a narração, a sociedade, funcionam por contrato, mas como o contrato está, na maior parte das vezes, disfarçado, a operação crítica consiste em decifrar o emaranhado das razões, dos álibis, das aparências, em suma, todo o *natural* social, a fim de tornar evidente a troca regulamentada na qual assentam a marcha semântica e a vida colectiva. O contrato é, todavia, a outro nível, um mau objecto: é um valor burguês, que mais não faz do que legalizar uma espécie de talião económico: *dá cá-toma lá,* diz o Contrato burguês: sob o elogio da Contabilidade, da Rendibilidade, devemos portanto ler o Vil, o Mesquinho. Ainda ao mesmo tempo e a um último nível, o contrato é permanentemente desejado, como a justiça dum mundo finalmente «regular»: gasto pelo contrato nas relações humanas, grande sensação de segurança sempre que um contrato pode ser nelas estabelecido, relutância em receber sem dar, etc. A tal ponto que – e uma vez que o corpo intervém directamente – o modelo de bom contrato é o contrato de Prostituição. Porque este contrato, considerado imoral para todas as sociedades e todos os regimes (com excepção dos muito arcaicos), liberta efectivamente daquilo a que poderíamos chamar os *embaraços imaginários* da troca: em que me hei-de basear quanto aos desejos do outro, quanto *àquilo que sou para ele*? O contrato elimina esta vertigem: é, em resumo, a única posição que o sujeito pode ter sem cair em duas imagens inversas mas igualmente detestadas: a do «egoísta» (que pede sem nunca se preocupar com dar seja o que for) e a do «santo» (que dá sem nunca se permitir pedir): o discurso do contrato evita assim duas plenitudes; permite respeitar a regra de ouro de toda e qualquer *habitação,* decifrada no corredor de Shikidai: *«Nenhum querer-tomar e no entanto nenhuma oblação» (Ep. S,* 149).

O contratempo

O seu sonho (confessável?) seria o de transportar para uma sociedade socialista alguns dos *encantos* (não digo: dos valores) da arte de viver burguesa (porque os há – havia alguns): é aquilo a que ele chama o *contra-tempo.* Opõe-se a este sonho o espectro da Totalidade, que exige que o facto burguês seja condenado *em bloco* e que toda e qualquer fuga do Significante seja castigada como uma corrida da qual se traz o pó.

Não seria possível desfrutar a cultura burguesa (deformada) como se fosse um *exotismo*?

O meu corpo não existe...

O meu corpo não existe para mim próprio senão sob duas formas correntes: a enxaqueca e a sensualidade. Não são estados insólitos, mas sim, pelo contrário, extremamente medidos, acessíveis ou remediáveis, como se num ou noutro destes casos decidíssemos rebater-nos em imagens gloriosas ou malditas do corpo. A enxaqueca não é mais do que o grau primário do mal físico e a sensualidade é considerada vulgarmente apenas como uma espécie de sucedâneo do prazer.

Por outras palavras, o meu corpo não é um herói. O carácter ligeiro, difuso, da doença ou do prazer (a enxaqueca também acaricia alguns dos meus dias) opõe-se a que o corpo se erija em local estranho, alucinado, centro de transgressões agudas; a enxaqueca (designo deste modo e por forma bastante inexacta a simples dor de cabeça) e o prazer sensual não são senão cenestesias, encarregadas da individuação do meu próprio corpo sem que este possa glorificar-se através de qualquer espécie de perigo: o meu corpo é debilmente teatral para si mesmo.

O corpo plural

«Que corpo? Ternos vários.» (*PlT*, 39.) Tenho um corpo digestivo, um corpo nauseável, um terceiro susceptível de enxaquecas, e assim por diante: sensual, muscular (a mão do escritor), secretivo e, principalmente, emotivo: que é emocionado, movido, ou calcado ou exaltado, ou atemorizado sem que isso se note. Por outro lado, sinto-me cativado até ao fascínio pelo corpo socializado, o corpo mitológico, o corpo artificial (o dos «travestis» japoneses) e o corpo prostituído (do actor). E além desses corpos públicos (literários, escritos) tenho, se assim poderei dizer, dois corpos locais: um corpo parisiense (desperto, cansado) e um corpo campesino (repousado, pesado).

A costeleta

Eis o que fiz um dia com o meu corpo:

Em Leysin, em 1945, tiraram-me, para me fazerem um pneumotórax pleural, um bocado de costela que depois me devolveram solenemente, envolto num pouco de gaze esterilizada (os médicos, é certo que suíços, proclamavam desse modo que *o meu corpo me pertencia,* por mais fragmentado que mo devolvessem: sou proprietário dos meus ossos, tanto na vida como na morte). Guardei durante muito tempo numa gaveta esse bocado de mim mesmo, espécie de pénis ósseo análogo à extremidade duma costeleta de borrego, sem saber o que fazer dele, não me atrevendo a desfazer-me dele com receio de atentar contra a minha pessoa, embora para mim fosse completamente inútil tê-lo assim fechado numa secretária, entre objectos «preciosos» tais como chaves velhas, uma caderneta escolar, o caderno de baile nacarado e a carteira de tafetá cor-de-rosa da minha avó B. E depois, um certo dia, compreendendo que a função duma gaveta é adoçar, aclimatar a morte dos objectos (fazendo-os passar por uma espécie de lugar piedoso, capela poeirenta na qual, com o pretexto de os conservar vivos, lhes arranjamos um tempo decente de agonia tépida), mas sem ir ao ponto de me atrever a atirar esse bocado de mim mesmo para o balde de lixo colectivo do prédio, lancei a costeleta e a sua gaze do alto da varanda (como se dispersasse romanticamente as minhas próprias cinzas) para a Rua Servandoni, onde um cão qualquer deve ter vindo farejá-la.

A curva louca da *imago*

R. P., professor da Sorbonne, tinha-me em tempos na conta de um impostor. T. D., pelo seu lado, toma-me por um professor da Sorbonne.

(Aquilo que espanta e excita não é a diversidade das opiniões; é a exactidão do seu carácter contrário; o suficiente para nos levar a exclamar: *é o cúmulo!* – O que seria um gozo propriamente *estrutural* – ou trágico.)

Pares de palavras-valores

Certas línguas comportam, ao que parece, enantiosemas, palavras que têm a mesma forma e sentidos opostos. Do mesmo modo, nele uma palavra pode ser boa ou má, sem aviso prévio: a «burguesia» é boa quando é revista no seu ser histórico, ascensional, progressista; é má quando se sente segura. Às vezes, por sorte, a língua fornece por si mesma a bifurcação duma palavra dupla: a «estrutura», valor bom de início, ficou desacreditada quando se viu que demasiadas pessoas a concebiam como uma forma imóvel (um «plano», um «esquema», um «modelo»); felizmente tínhamos «estruturação», que a substituiu, implicando o valor forte por excelência: o *fazer,* o gasto perverso («para nada»).

Do mesmo modo, mais particularmente, não é o *erótico* mas sim a *erotização* que representa um bom valor. A erotização é uma produção de erótico: leve, difusa, mercurial; algo que circula sem se deter: um *flirt* múltiplo e móvel liga o sujeito àquilo que passa, finge deter-se e depois larga-se a favor de outra coisa (e depois, por vezes, esta paisagem cambiante é cortada, seccionada por uma brusca imobilidade: o amor).

A dupla crueza

A crueza leva-nos tanto à comida como à linguagem. Desta anfibologia («preciosa») extrai ele um meio de regressar ao seu velho problema: o do *natural*.

No campo da linguagem, a denotação só é efectivamente atingida pela linguagem sexual de Sade (*SFL* 137); fora disso é apenas um artefacto linguístico; serve nesse caso para fantasmar o *natural* puro, ideal, crível, da linguagem e corresponde, no campo da comida, à crueza dos legumes c das carnes, imagem não menos pura da Natureza. Mas este estado adâmico dos alimentos e das palavras é *insustentável;* a crueza é imediatamente recuperada como signo de si própria: a linguagem crua é uma linguagem pornográfica (mimando histericamente o gozo amoroso) e os alimentos crus não são senão valores mitológicos da refeição civilizada ou ornamentos estéticos do tabuleiro japonês. A crueza passa portanto para a categoria abominada do pseudo natural: daí uma grande aversão pela crueza da linguagem e da carne.

Decompor/destruir

Admitamos que a tarefa histórica do intelectual (ou do escritor) seja hoje em dia manter e acentuar a *decom-*

posição da consciência burguesa. Será então necessário conservar na imagem toda a sua precisão; isto quer dizer que fingimos voluntariamente permanecer no interior dessa consciência e que vamos a seguir corroê-la, rebaixá-la, fazê-la ruir, no próprio local, como o faríamos com um bocado de açúcar ao embebê-lo em água. A *decomposição* opõe-se portanto aqui à *destruição:* para *destruir* a consciência burguesa é preciso estar ausente dela, e essa exterioridade só é possível numa situação revolucionária: na China, hoje em dia, a consciência de classe está em vias de destruição, não de decomposição; mas noutros lados (aqui e agora) destruir não seria afinal senão reconstituir uma ligação de palavra cujo carácter exclusivo seria a exterioridade: exterior e imóvel, assim é a linguagem dogmática. Para destruir é preciso, em suma, poder *saltar.* Mas saltar para onde? Para que linguagem? Para que centro da boa-consciência e da má-fé? Ao passo que, decompondo, aceito acompanhar essa decomposição, decompondo-me a mim mesmo a par e passo: escorrego, agarro-me e arrasto.

A deusa H.

O poder de desfrute duma perversão (neste caso a dos dois H: homossexualidade e haschisch) é sempre subestimado. A Lei, a Doxa, a Ciência, não querem compreender que a perversão, muito simplesmente, torna *feliz;* ou então, mais precisamente, produz um *mais:* torno-me mais sensível, mais perceptivo, mais loquaz, distraio-me mais, etc. – e neste mais vem situar-se a diferença (e a partir daí o Texto da vida, a vida como texto). Por conseguinte, é uma deusa, uma figura invocável, uma via de intercessão.

Os amigos

Ele procura uma definição para esse termo de «moralidade» que leu em Nietzsche (a moralidade do corpo nos antigos Gregos) e que opõe à moral; mas não consegue conceptualizá-la; pode quando muito atribuir-lhe uma espécie de campo de exercício, uma *tópica*. Esse campo é, de modo muito evidente para ele, o da amizade, ou melhor (pois esta palavra de versão latina é demasiado rígida, demasiado austera): o dos amigos (ao falar deles não posso nunca senão prender-me, prendê-los numa contingência – a uma diferença). Neste espaço dos afectos *cultivados* encontra ele a prática desse novo assunto cuja teoria se procura hoje: os amigos formam entre si uma rede de conexões e cada um deles deve nela apreender-se como *exterior/ /interior,* submetido por cada conversa à questão da heterotopia: onde me encontro, entre os desejos? A questão surge-me em virtude do desenvolvimento de uma miríade de peripécias de amizade. Assim se vai escrevendo de dia para dia um texto ardente, um texto mágico, que nunca terminará, imagem brilhante do Livro libertado.

Do mesmo modo que decompomos o odor da violeta ou o sabor do chá (tanto um como o outro aparentemente tão especiais, tão inimitáveis, tão *inefáveis),* em alguns elementos cuja combinação subtil produz toda a identidade da substância, assim também adivinhava ele que a identidade de cada amigo, que tornava este amável, provinha duma combinação delicadamente doseada e desde logo absolutamente original, de pequenos traços reunidos em cenas fugitivas, no dia-a-dia. Cada um expandia assim perante ele a encenação brilhante da própria originalidade.

Por vezes, na antiga literatura, encontramos esta expressão aparentemente estúpida: *a religião da amizade* (fidelidade, heroísmo, ausência de sexualidade). Mas, uma vez que da religião apenas subsiste ainda o fascínio do rito, ele gostava de conservar os pequenos ritos da amizade: festejar com um amigo a conclusão dum trabalho, o afastamento duma preocupação; a celebração reforça o acontecimento, acrescenta-lhe um suplemento inútil, um prazer perverso. Assim, por magia, este fragmento foi escrito em último lugar, após todos os outros, como que à maneira de dedicatória (3 de Setembro de 1974).

É preciso fazer esforço para falar da amizade como de uma pura *tópica:* isso liberta-me do campo da afectividade – que não poderia ser referida *sem embaraço,* já que é da ordem do imaginário (ou melhor, reconheço pelo meu embaraço que o imaginário está muito perto: estou a escaldar).

A relação privilegiada

Ele não procurava a relação exclusiva (possessão, ciúmes, cenas); também não procurava a relação generalizada, comunitária; o que ele queria era, de todas as vezes, uma relação privilegiada, assinalada por uma diferença sensível, remetida ao estado de uma espécie de inflexão afectiva absolutamente singular, como a duma voz de timbre incomparável; e, coisa paradoxal, ele não via qualquer obstáculo a que essa relação privilegiada fosse multiplicada: nada senão privilégios, em suma; a esfera da amizade era assim povoada por relações dualistas (donde uma grande perda de tempo: era preciso estar com os amigos um por um: resistência ao grupo, ao bando, ao magote). O que era procurado era um plural sem igualdade, sem indiferença.

Transgressão da transgressão

Libertação política da sexualidade: é uma transgressão dupla, do político pelo sexual e reciprocamente. Mas isto não é nada: imaginemos agora reintroduzir no campo político-sexual assim descoberto, reconhecido, percorrido, liberto... *um grão de sentimentalidade:* não seria essa a *derradeira* transgressão, a transgressão da transgressão? Pois, no fim de contas, seria isso o *amor:* que regressaria: *mas noutro lugar.*

O segundo grau e os outros

Eu escrevo: isto é o primeiro grau da linguagem. Depois, escrevo que *escrevo:* é o segundo grau. (Já Pascal: «Pensamento que me fugiu, eu queria escrevê-lo; em vez disso, escrevo que me fugiu.»)

Fazemos hoje em dia um consumo enorme deste segundo grau. Uma grande parte do nosso trabalho intelectual consiste em levantar suspeitas quanto a qualquer espécie de enunciado, revelando o encadear dos seus graus: essa gradação é infinita e a esse abismo aberto com cada palavra, a essa loucura da linguagem, chamamos cientificamente *enunciação* (abrimos esse abismo antes de mais por razões tácticas: desfazer a enfatuação dos nossos enunciados, a arrogância da nossa ciência).

O segundo grau é também uma maneira de viver. Basta fazermos recuar um furo a uma frase, a um espectáculo, a um corpo, para invertermos de alto a baixo o gosto que poderíamos ter com eles, o sentido que lhes poderíamos dar. Existem eróticas, estéticas de segundo grau: (o kitsch, por exemplo). Podemos até tornar-nos maníacos do segundo grau: rejeitar a denotação, a espontaneidade, a charla, a frase chã, a repetição inocente, apenas tolerar linguagens que provem ter, mesmo ao de leve, um poder de desmontagem: a paródia, a anfibologia, a citação sub-reptícia. Logo que se pensa a si mesma, a linguagem torna-se corrosiva. Com uma condição, todavia: que não deixe de o fazer até ao infinito. Pois se eu permanecer no segundo grau, mereço a acusação de intelectualismo (formulada pelo budismo contra toda a reflexividade simples); mas se eu soltar o travão (da razão, da ciência, da moral), se puser a enunciação *em roda livre,* abro então a via a um desprendimento sem fim, anulo a *boa consciência da linguagem.*

Todo o discurso é apanhado pelo jogo dos graus. Podemos chamar a este jogo *bathmologia.* Um neologismo não será demais se acabarmos por chegar à ideia duma nova ciência: a das gradações da linguagem. Esta ciência será insólita, pois fará estremecer as instâncias habituais da expressão, da leitura e da audição («verdade», «realidade», «sinceridade»); o seu princípio será uma sacudidela: tal como se passa um degrau à frente, assim passará ela por sobre toda a *expressão.*

A denotação como verdade da linguagem

Na farmácia de Falaise, Bouvard e Pécuchet submetem a massa de «jujube» à prova da água. «Tomou o aspecto dum coiro de toucinho, o que denotava gelatina.»

A denotação seria um mito científico: o de um estado «verdadeiro» da linguagem, como se toda a frase tivesse em si um *etymon* (origem e verdade). *Denotação/conotação:* este conceito duplo só tem, portanto, valor no campo da verdade. Todas as vezes que tenho necessidade de pôr uma mensagem à prova (de a desmistificar) submeto-a a uma qualquer instância exterior, reduzo-a a uma espécie de coiro desgracioso que constitui o seu verdadeiro substrato. A oposição não tem portanto utilidade a não ser no enquadramento duma operação crítica análoga a uma experiência de análise química: de todas as vezes que creio na verdade, tenho necessidade duma denotação.

A sua voz

(Não se trata da voz de ninguém – Ai trata, sim! Trata; trata-se sempre da voz de alguém.)

Tento pouco a pouco dar conta da voz dele. Tento uma abordagem adjectiva: ágil, frágil, juvenil, um pouco quebrada? Não, não é isso exactamente; antes será *sobre-cultivada,* com um travo inglês. E esta: breve? Sim, se eu desenvolver: projectava, nessa brevidade, não a torção (o esgar) dum corpo que se restabelece e afirma, mas, pelo contrário, a queda esgotante do sujeito sem linguagem e que evidencia a ameaça de afasia com a qual se debate: ao contrário da primeira, era uma voz sem *retórica* (mas não sem ternura). Era preciso, para todas estas vozes, inventar a boa metáfora, aquela que, uma vez encontrada, se apodera de nós para todo o sempre; mas não consigo encontrar, de tal modo é grande a ruptura entre as palavras que me vêm da cultura, e esse ser bizarro (será ele sequer sonoro?) que relembra vagamente no meu ouvido.

Esta impotência seria proveniente do seguinte: a voz é sempre *já* morta, e é por desesperada denegação que a dizemos viva; a essa perda irremediável damos o nome de *inflexão;* a inflexão é a voz na que há nela sempre de passado, de calado.

Daqui a compreender o que é a *descrição*: esta esgota-se para retratar a própria mortalidade do objecto, fingindo (ilusão por inversão) julgá-lo, querê-lo vivo.

«Fazer viver» significa «ver morto». O adjectivo é o instrumento dessa ilusão; diga o que disser, o adjectivo é fúnebre só pela sua qualidade descritiva.

Destacar

Destacar é o gesto essencial da arte clássica. O pintor «destaca» um traço, uma sombra, se for preciso aumenta-o, inverte-o e faz dele uma obra; e ainda que a obra seja una, insignificante ou natural (um objecto de Duchamp, uma superfície monocromática), na medida em que sai sempre, quer queiramos quer não, dum contexto físico (uma parede, uma rua), é fatalmente consagrada como obra. Nisso a arte está no extremo oposto das ciências sociológicas, filológicas, políticas, que não descansam enquanto não *integram* aquilo que distinguiram (apenas o distinguem para melhor o integrar). A arte não seria portanto nunca paranóica, mas sempre perversa, feiticista.

Dialécticas

Tudo parece indicar que o seu discurso progride segundo uma dialéctica com dois termos: a opinião corrente e o seu contrário, a Doxa e o seu paradoxo, o estereótipo e a inovação, o cansaço e a frescura, o prazer e o desprazer: gosto/não gosto. Esta dialéctica binária é a própria dialéctica do sentido *(marcado/não marcado)* e do jogo freudiano *(Fort/DA):* a dialéctica do valor.

No entanto, será isto verdade? Desenha-se, tenta enunciar-se nele uma outra dialéctica: a contradição dos termos cede a seus olhos pela descoberta dum terceiro termo, que não é de síntese mas de *deportação:* todas as coisas regressam, mas regressam como Ficção, isto é, numa outra volta da espiral.

Plural, diferença, conflito

Recorre frequentemente a uma espécie de filosofia, chamada vagamente pluralismo.

Quem sabe se essa insistência no plural não será uma forma de negar a dualidade sexual? Não se deve permitir que a oposição dos sexos seja uma lei da Natureza; é portanto necessário dissolver os afrontamentos e os paradigmas, pluralizar ao mesmo tempo os sentidos e os sexos: o sentido caminhará para a sua multiplicação, a sua dispersão (na teoria do Texto), e o sexo não será encerrado em nenhuma tipologia (não haverá, por exemplo, senão *várias* homossexualidades, cujo plural evitará todo e qualquer discurso constituído, centrado, de tal maneira que se lhe torne evidente ser quase inútil falar disso).

O mesmo para a *diferença,* palavra insistente e muito elogiada, que vale sobretudo porque prescinde ou triunfa do conflito. O conflito é sexual, semântico; a diferença é plural, sensual e textual; o sentido, o sexo, são princípios de construção, de constituição; a diferença é o próprio movimento dum polvilhar, duma dispersão, dum cintilamento; não se trata já de reencontrar, na leitura do mundo e do assunto, oposições, mas sim transbordamentos, bloqueios, fugas, escorregamentos, deslocamentos, derrapagens.

Como diz Freud (Moisés), um pouco de diferença leva ao racismo. Mas muitas diferenças afastam dele, irremediavelmente. Igualar, democratizar, massificar, todos estes esforços não conseguem expulsar «a mais pequena diferença», gérmen da intolerância racial. O que era preciso era pluralizar, subtilizar desenfreadamente.

O prazer da divisão

Prazer da divisão: as parcelas, as miniaturas, as delimitações, as precisões brilhantes (tal como o efeito produzido pelo Haschisch, no dizer de Baudelaire), a vista sobre os campos, as janelas, o *haiku*, o traço, a escrita, o fragmento, a fotografia, o palco à italiana, em suma e à escolha, toda a articulação do semanticista ou todo o material do feiticista. Declara-se ser este prazer progressista: a arte das classes ascendentes progride por meio de enquadramentos (Brecht, Diderot, Eisenstein).

Ao piano, a dedilhação...

Ao piano, a «dedilhação» não indica de forma nenhuma um valor de elegância ou de delicadeza (o que nesse caso se chama «toucher») mas simplesmente uma forma de numerar os dedos que devem tocar esta nota ou aquela; a dedilhação estabelece duma forma reflectida aquilo que se vai tornar um automatismo: é, em suma, o programa duma máquina, uma inscrição animal. Ora se eu toco mal – além da ausência de velocidade, que é um puro problema muscular – é porque nunca respeito a dedilhação indicada: improviso, em cada nova execução, como posso, o lugar dos meus dedos, e por isso não consigo tocar nada sem erros. A razão disto reside evidentemente no facto de eu desejar um prazer sonoro imediato e recusar a maçada da amestragem, pois o treino impede o prazer – ainda que, dizem, com vista a um maior prazer ulterior (tal como os Deuses a Orfeu, diz-se ao pianista: não se volte *prematuramente* para os efeitos da sua execução). A peça, na perfeição sonora que para ela imaginamos sem nunca a atingir realmente, age então como uma ponta de fantasma: submeto-me alegremente à palavra de ordem do fantasma: «*imediatamente*», ainda que seja à custa duma perda considerável de realidade.

O mau objecto

A Doxa (a opinião), que é muito usada no seu discurso, não é senão um «*mau objecto*»: nenhuma definição pelo conteúdo, apenas pela forma, e esta má forma é sem dúvida a repetição. – Mas aquilo que se repete é por vezes bom? O tema, que é um bom objecto crítico, não será algo que se repete? – É boa a repetição que provém do corpo. A Doxa é um mau objecto porque é uma repetição morta, que não provém do corpo de ninguém – a não ser talvez, precisamente, do dos Mortos.

Doxa/Paradoxa

Formações reaccionais: uma *doxa* (uma opinião corrente) estabelece-se, insuportável; para me libertar dela, postulo um paradoxo; depois este paradoxo engrossa, torna-se por si uma nova concreção, uma nova *doxa* e tenho de ir mais longe em direcção a um novo paradoxo.

Voltemos a fazer este percurso. Na origem da obra, a opacidade das relações sociais, a falsa Natureza; o primeiro abanão consiste portanto em desmistificar (*Mitologias*); depois, como a desmistificação se imobiliza numa repetição, é esta que é preciso deslocar: a ciência semiológica (então postulada) tenta sacudir, vivificar, armar o gesto, o postulado mitológico, conferindo-lhe um método; esta ciência é, por seu turno, embaraçada por todo um imaginário: ao desejo de uma ciência semiológica sucede a ciência (muitas vezes muito triste) dos semiólogos; temos então de nos separar dela, e introduzir, nesse imaginário razoável, o grão de desejo, a reivindicação do corpo: vem então o Texto, a teoria do Texto. Mas mais uma vez o Texto corre o risco de se congelar; repete-se, vende-se em textos cinzentos, testemunhos duma solicitação de leitura e não dum desejo de agradar: o Texto tende para degenerar numa tagarelice. Para onde ir? Estou neste ponto.

A borboleteante

É espantoso o poder de diversão dum homem que se sente aborrecido, intimidado ou atrapalhado pelo seu trabalho: ao trabalhar no campo (em quê? A reler-me, ai de mim!), eis a lista das diversões que suscito de cinco em cinco minutos: vaporizar uma mosca, cortar as unhas, comer uma ameixa, ir mijar, verificar se a água da torneira continua a sair barrenta (hoje faltou a água), ir à farmácia, ir ao jardim para ver quantos abrunhos amadureceram já na árvore, ver o telejornal, confeccionar um dispositivo para segurar as minhas papeladas, etc. *Deambulo.*

(A deambulação relaciona-se com essa paixão a que Fourier chamava a Variante, a Alternante, a Borboleteante.)

Anfibologias

A palavra «entendimento» pode designar uma faculdade de intelecção ou uma cumplicidade *(entender-se com...)*; de modo geral o contexto obriga a escolher um dos dois sentidos e a esquecer o outro. Todas as vezes que encontra uma destas palavras duplas, R. B., pelo contrário, mantém os dois sentidos, na palavra, como se um deles piscasse o olho ao outro e o sentido da palavra estivesse nessa piscadela, que faz que *uma mesma palavra, numa mesma frase,* signifique *ao mesmo tempo* duas coisas diferentes, e que se desfruta semanticamente uma pela outra. É por isso que essas palavras são consideradas várias vezes como «preciosamente ambíguas»: não por essência léxica (pois qualquer palavra do léxico tem vários sentidos), mas sim porque, graças a uma espécie de *sorte,* de boa disposição, não da língua mas do discurso, posso *actualizar a* sua anfibologia, dizer «entendimento» fingindo referir-me principalmente ao sentido intelectivo mas *deixando perceber o* sentido de «cumplicidade».

Estas anfibologias são extremamente (e anormalmente) numerosas: *Ausência* (falta de pessoa e distracção do espírito), *Álibi,* (local diverso e justificação policial), *Causa* (a que provoca e o que se abraça), *Citar* (chamar e copiar), *Compreender* (conter e aprender intelectualmente), *Continência* (possibilidade de se encher e maneira de se comportar), *Crueza* (alimentar e sexual), *Desenvolver* (sentido retórico e sentido ciclista), *Discreto* (descontinuo e contido), *Exemplo* (de gramática e de deboche), *Exprimir*(*) (extrair um sumo e manifestar a sua interioridade), *Catalogado* (etiquetado e registado policialmente), *Fim* (limite e objectivo), *Função* (relação e utilização), *Frescura* (temperatura e novidade), *«Frappe»*(**) (cunho e delinquente), *Indiferença* (ausência de paixão e diferença), *Jogo* (actividade lúdica e mo-

(*) «Exprimer»; exprimir e espremer. (*N.T.*)

(**) Termo de calão nesta acepção. (*N.T.*)

vimento das peças numa máquina), *Partir* (afastar-se e drogar-se), *Poluição* (sujidade e masturbação), *Possuir* (ter e dominar), *Propriedade* (dos bens e dos termos), *Questionar* (interrogar e supliciar), *Cena* (de teatro e doméstica), *Sentido* (direcção e significado), *Sujeito* (sujeito de acção e objecto do discurso), *subtilizar* (tornar mais subtil e escamotear), *Traço* (gráfico e linguístico), *Voz* (órgão corporal e diátese gramatical), etc.

No «dossier» da dupla audição: os *addâd,* essas palavras árabes cada uma das quais tem dois sentidos absolutamente contrários *(1970,* I); a tragédia grega, espaço de compreensão dupla, no qual «o espectador ouve sempre mais do que aquilo que cada personagem profere para si mesmo ou para os outros intervenientes» (*1968*, I); os delírios auditivos de Flaubert (presa dos seus «erros» de estilo) e de Saussure (obcecado pela audição anagramática dos versos antigos). E, para terminar, isto: contrariamente ao que seria de esperar, não é a polissemia (o múltiplo do sentido) que é gabada e procurada: é muito exactamente a anfibologia, a duplicidade; o fantasma não está em ouvir (seja o que for), mas sim em ouvir *outra coisa* (nisto sou mais clássico do que a teoria do texto que defendo).

De raspão

Por um lado, o que ele diz dos grandes objectos do saber (cinema, linguagem, sociedade) nunca é memorável: a dissertação (artigo sobre qualquer coisa) é como que um enorme detrito. A pertinência, reduzida (quando existe), apenas surge nas bordas, em incisões, parêntesis, *de raspão:* é a voz *off* do sujeito.

Por outro lado, nunca explicita (nunca define) as noções que parecem ser para ele as mais necessárias e das quais se serve sempre (sempre subsumidas por trás duma palavra). A Doxa é invocada sem cessar, mas não é definida; nenhum trecho acerca da Doxa. O Texto nunca é abordado a não ser metaforicamente: é o campo do arúspice, é um tamborete, um cubo facetado, um excipiente, um guisado japonês, um charivari de ornamentos, uma trança, um renda de Valenciennes, um *uéde* marroquino, um *écran* televisivo avariado, uma massa folhada, uma cebola, etc. E quando faz uma dissertação «sobre» o Texto, para uma enciclopédia, ainda que nunca a renegue (nunca renegar nada: em nome de que presente o fazer?), considera-a como um trabalho de saber e não de escrita.

A câmara de ecos

Que é ele, relativamente aos sistemas que o rodeiam? Mais uma câmara de ecos do que outra coisa: reproduz mal os pensamentos, segue as palavras; visita, isto é, homenageia os vocabulários, *invoca* as noções, repete-as sob um nome: serve-se desse nome como de um emblema (praticando assim uma espécie de ideografia filosófica) e esse emblema dispensa-o de aprofundar o sistema de que é o significante (que simplesmente lhe faz sinal). Provindo da psicanálise e parecendo conservar-se nela, *«transfert»* deixa no entanto alegremente a situação edipiana; lacaniano, *«imaginário»* estende-se sempre até aos confins do «amor-próprio» clássico; *a «má-fé»* sai do sistema sartriano para se juntar à crítica mitológica: *«burguês»* recebe toda a carga marxista, mas transborda permanentemente para a estética e para a ética. É indubitável que, desta maneira, as palavras transportam-se, os sistemas comunicam, a modernidade é experimentada (do mesmo modo que experimentamos

Fichas

na cama...

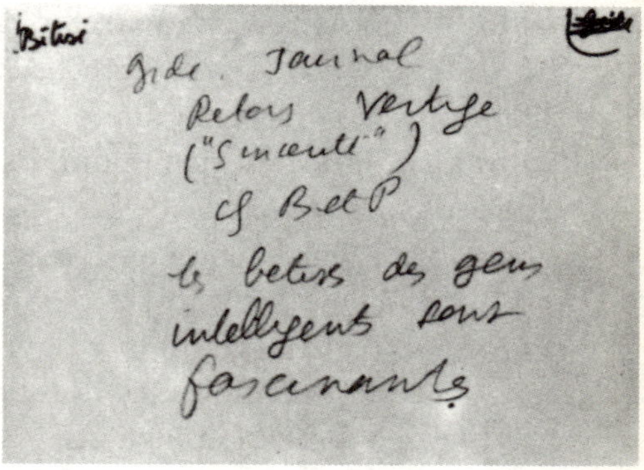

...lá fora...

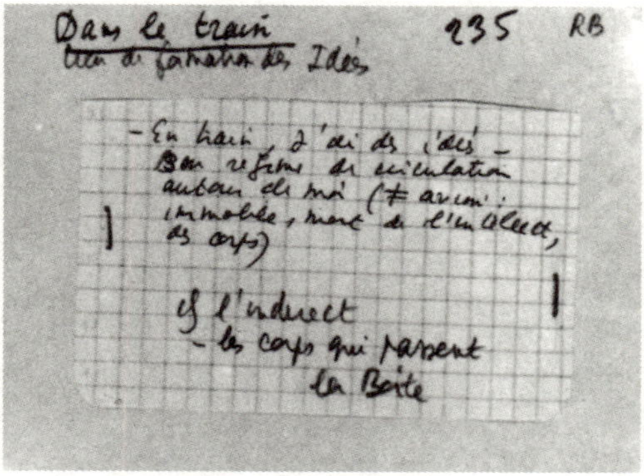

Desarranjo: de origem erudita, a ficha segue as diversas voltas da pulsação.

...ou numa mesa de trabalho.

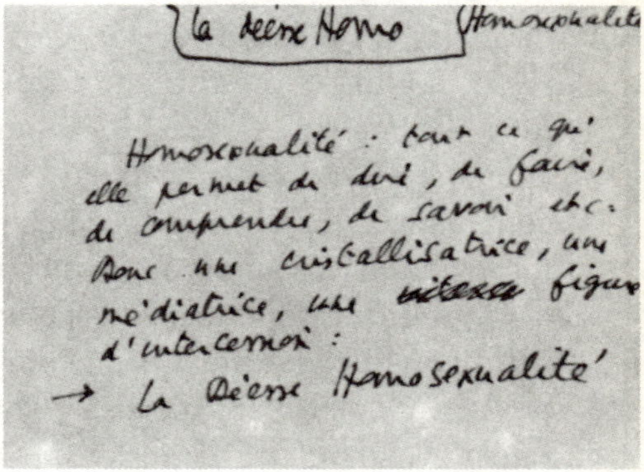

todos os botões de um aparelho de rádio cujo manejo não conhecemos), mas o intertexto que assim se cria é literalmente *superficial:* adere-se *liberalmente:* o nome (filosófico, psicanalítico, político, científico) mantém com o seu sistema de origem um cordão que não é cortado mas permanece: tenaz e flutuante. A razão disto está certamente em não ser possível ao mesmo tempo aprofundar e desejar uma palavra: nele, o desejo da palavra leva a melhor, mas deste prazer faz parte uma espécie de vibração doutrinal.

A escrita começa pelo estilo

Tenta por vezes praticar o assíndeto, tão admirado par Chateaubriand sob o nome de anacoluto (*NEC* 113): que relação poderemos nós estabelecer entre o leite e os jesuítas? A seguinte: «...os cliques, esses fonemas lácteos que o jesuíta maravilhoso, Van Ginneken, introduzia entre a escrita e a linguagem» (*PlT*, 12). Há também numerosas antíteses (pretendidas, construídas, reforçadas) e jogos de palavras dos quais se extrai todo um sistema (prazer: *precário/gozo: precoce).* Em suma, mil vestígios de um trabalho de estilo, no sentido mais antigo da palavra. Ora este estilo serve para fazer o elogio de um novo valor, a *escrita,* que é, quanto a ela, excesso, impulso do estilo em direcção a outras regiões, quer da linguagem quer do assunto, para longe dum código literário *classificado* (código caduco duma classe condenada). Esta contradição explica-se e justifica-se talvez do seguinte modo: a sua maneira de escrever formou-se num momento em que a escrita do ensaio tentava renovar-se através da combinação de intenções políticas, noções filosóficas e verdadeiras figuras de retórica (Sartre está cheio delas). Mas o estilo é sobretudo, de algum modo, o começo da escrita; ainda que timidamente, prestando-se a grandes riscos de recuperação, inicia o reino do significante.

Para que serve a utopia

Para que serve a utopia? Para fazer sentido. Perante o presente, o meu presente, a utopia é um termo secundário que permite accionar a mola do signo: o discurso sobre o real torna-se possível, saio da afasia em que sou mergulhado pela minha aflição com tudo o que não está certo, nem em mim nem neste mundo que é o meu.

A utopia é familiar do escritor, porque o escritor é um dador de sentidos: a sua tarefa (ou o seu prazer) consiste em atribuir sentidos, nomes, e só o pode fazer se houver paradigma, desencadear do *sim/não,* alternância de dois valores: para ele o mundo é uma medalha, uma moeda, uma dupla superfície de leitura, em que a sua própria realidade ocupa o reverso e a utopia o anverso. O Texto, por exemplo, é uma utopia; a sua função – semântica – é fazer significar a literatura, a arte, a linguagem presentes, na medida em que são declaradas *impossíveis;* outrora explicava-se a literatura pelo seu passado; hoje, pela sua utopia: o sentido é erigido em valor: a utopia permite esta nova semântica.

Os escritos revolucionários representaram sempre pouco e mal a finalidade quotidiana da Revolução, a forma pela qual ela entende que *viveremos amanhã*, seja porque essa representação corra o risco de edulcorar ou futilizar a luta presente, seja porque, mais justamente, a teoria política vise apenas instaurar a liberdade real da questão humana, sem prefigurar nenhuma das suas respostas. A utopia seria assim o tabu da Revolução, e o escritor teria por missão transgredi-lo; só ele poderá *arriscar-se* a essa representação; assumiria, tal como um padre, o discurso escatológico; encerraria o anel ético, respondendo através duma visão final dos valores à *opção* revolucionária inicial (isso mesmo em função do que *nos tornamos* revolucionários).

No *Grau Zero*, a utopia (política) tem a forma (ingénua?) duma universidade social, como se a utopia não pudesse ser senão e estritamente o oposto do mal presente, como se à divisão não pudesse corresponder mais tarde senão a indivisão; mas já depois veio a lume, ainda que imprecisa e cheia de dificuldades, uma filosofia pluralista: hostil à massificação, voltada para a diferença, em suma, fourierista; a utopia (sempre mantida) consiste então em imaginar uma sociedade infinitamente parcelada, cuja divisão já não seria social e que, portanto, deixaria de ser conflitual.

O escritor como fantasma

Não há já por certo nenhum adolescente que tenha esse fantasma: *ser escritor!* De que contemporâneo se há-de querer copiar já não a obra, mas as práticas, as posturas, essa maneira de passear pelo mundo fora, com um bloco no bolso e uma frase na cabeça (assim via eu Gide circulando da Rússia ao Congo, lendo os seus clássicos e escrevendo os seus blocos no vagão-restaurante enquanto esperava pelos pratos; assim o vi realmente, um certo dia em 1939, no fundo da cervejaria Lutécia, a comer uma pêra e a ler um livro)? Pois aquilo que o fantasma impõe é o escritor tal qual pode ser visto no seu diário íntimo, é *o escritor menos a sua obra:* forma suprema do sagrado: o cunho e o vazio.

Novo assunto, nova ciência

Sente-se solidário de todo e qualquer escrito cujo princípio seja que *o assunto não é senão um efeito de linguagem*. Imagina uma ciência muito vasta, na enunciação da qual o sábio se incluiria finalmente – e que seria a ciência dos efeitos de linguagem.

És tu, cara Elisa...

...não quer de maneira nenhuma dizer: confirmo a identidade incerta da pessoa fazendo essa pergunta de facto singular: *«é ela?»* – mas quer realmente dizer pelo contrário: como vê, como está a ouvir, a pessoa que aí vem chama-se – ou melhor, chamar-se-á – Elisa, conheço-a bem e pode acreditar que tenho muito boas relações com ela. E mais isto ainda: presa na própria forma do enunciado, há a vaga evocação de todas as circunstâncias em que alguém diz: *«és tu?»*, e, para além disso ainda, há o sujeito cego que interroga uma *vinda* (e se não és *tu*, que decepção – ou que alívio), etc.

Deverá a linguística tratar da mensagem ou da linguagem? Ou seja, nesta ocorrência, *da toalha de sentidos tal qual é estendida?* Como chamar a esta linguística verdadeira, que é a linguística da conotação?

Tinha ele escrito: «O texto é (devia ser) essa pessoa desenvolta que mostra o traseiro ao Pai político.» (*PlT*, 84). Um crítico finge acreditar que «traseiro» está no lugar de «eu» por pudor. Que faz ele da conotação? Um bom diabrete não mostra o cu a Mme. MacMiche, mostra-lhe o traseiro; esta frase infantil era mesmo precisa, já que se tratava do Pai. Ler realmente é, portanto, entrar em conotação. Entrecruzamento: ao tratar do sentido denotado, a linguística positiva trata um sentido improvável, irreal, obscuro, de tão atenuado que está; remete-nos desdenhosamente para uma linguística fantasiosa, em que o sentido claro, o sentido resplandecente, o sentido do assunto, se enuncia (sentido claro? Sim, sentido banhado de luz, como no sonho, onde entrevejo com finura a angústia, a cumulação, a impostura duma situação, com muito mais nitidez do que uma história que acontece).

A elipse

Alguém lhe pergunta: «O senhor escreveu que *a escrita passa pelo corpo*: quer explicar-se melhor?»

Ele apercebe-se então até que ponto enunciados destes, para ele tão claros, podem ser obscuros para muita gente. No entanto a frase não é insensata, mas simplesmente elíptica: o que não se suporta é a elipse. Ao que se acrescenta talvez aqui uma resistência formal: a opinião pública tem uma concepção restrita do corpo: é sempre, ao que parece, o que se opõe à alma: toda e qualquer extensão um pouco metonímica do corpo é um tabu.

A elipse, figura mal conhecida, perturba pelo facto de representar a temível liberdade da linguagem, que é de certo modo *sem medida obrigatória:* os seus módulos são totalmente artificiais, puramente aprendidos; surpreendem-me tão pouco as elipses de La Fontaine (e, todavia, quantas ligações não formuladas entre o canto da cigarra e o seu desfecho!) como a elipse física que une num simples móvel a corrente eléctrica e o frio, porque estes atalhos são colocados num campo puramente operatório: o da aprendizagem escolar e da cozinha; mas o texto não é operatório: não há *antecedente* para as transformações lógicas que ele propõe.

O emblema, o «gag»

Uma Noite na Ópera é um verdadeiro tesouro textual. Se eu precisar, para qualquer demonstração crítica, duma alegoria em que se faça explodir a mecânica louca do texto carnavalesco, o filme fornecer-ma-á: o camarote do navio, o contrato rasgado, o charivari final dos cenários, cada um destes episódios (entre outros) é um emblema das subversões lógicas operadas pelo Texto; e se esses emblemas são perfeitos, é afinal porque são cómicos, sendo o riso aquilo que, numa derradeira viravolta, liberta a demonstração do seu atributo demonstrativo. Aquilo que liberta a metáfora, o símbolo, o emblema, da mania poética, aquilo que manifesta o seu poder de subversão, é o *insólito,* esse «estouvamento» que *Fourier* soube pôr nos seus exemplos, com total desprezo por toda a seriedade retórica *(SFL,* 97). O devir lógico da metáfora seria portanto o «gag».

Uma sociedade de emissores

Vivo numa sociedade de *emissores* (sendo eu um deles): cada pessoa que encontro, ou que me escreve, envia-me um livro, um texto, um apanhado, um prospecto, um convite para um espectáculo, para uma exposição, etc. O prazer de escrever, de produzir, aperta por todos os lados; mas, uma vez que o circuito é comercial, a produção livre permanece asfixiada, aflita e como desvairada: na maior parte das vezes, os textos, os espectáculos vão para onde não são solicitados; encontram, por seu mal, «relações», e não amigos e ainda menos parceiros; o que faz que essa espécie de ejaculação colectiva da escrita, na qual poderia ver-se a cena *utópica* duma sociedade livre (em que o prazer circulasse sem passar pelo dinheiro), tenda hoje para o apocalipse.

Emprego do tempo

«Durante as férias, levanto-me às sete horas, desço, abro a casa, preparo chá, esmigalho o pão para os pássaros que esperam no jardim, lavo-me, varro a minha mesa de trabalho, esvazio os cinzeiros, corto uma rosa, ouço o noticiário das sete e meia; às oito horas a minha mãe desce, por seu turno; almoço com ela dois ovos quentes, uma rodela de pão torrado e café sem açúcar; às oito e um quarto vou à aldeia buscar o *Sud-Ouest*; digo à Sr.ª C.: *Está bom tempo, que lindo dia, etc, e* depois começo a trabalhar; às nove e meia passa o carteiro *(o ar está pesado hoje de manhã, que lindo dia,* etc.) e um pouco mais tarde a rapariga da padaria, na sua camioneta cheia de pães (esta tem estudos, não cabe aqui falar do tempo); às dez e meia em ponto faço café e fumo o primeiro charuto do dia; à uma hora almoçamos; faço a sesta da uma e meia às duas e meia. Chega então o momento em que flutuo: nenhuma vontade de trabalhar; por vezes faço um pouco de pintura, ou vou buscar aspirina à farmácia, ou queimo papéis no fundo do jardim, ou confecciono uma mesinha, um cacifo, um ficheiro; chego assim às quatro horas e trabalho outra vez; às cinco e um quarto é o chá; por volta das sete horas paro de trabalhar; rego o jardim (quando está bom tempo) e toco piano. Depois do jantar, televisão; se for nessa noite estúpida de mais, volto à minha mesa, ouço música enquanto faço fichas. Deito-me às dez horas e leio então um pouco de dois livros: por um lado uma obra de língua muito literária (as *Confidências* de Lamartine, o *Diário* dos Goncourt, etc.) e por outro lado um romance policial (de preferência antigo) ou um romance inglês (passado de moda) ou Zola.»

– Nada disso tem interesse. E mais ainda: não só o senhor assinala a classe a que pertence como torna esse cunho uma confidência literária, cuja *futilidade* já não é recebida: constitui-se fantasmaticamente em «escritor» ou, o que é ainda pior: *constitui-se.*

A privacidade

Com efeito, é quando divulgo a minha privacidade que mais me exponho: não pelo risco de «escândalo» mas sim porque nesse momento apresento o meu imaginário com a sua consistência mais forte; e o imaginário é precisamente aquilo em que os outros têm vantagem; aquilo que não está protegido por nenhuma inversão, nenhum desmantelamento. Todavia, a «privacidade» muda de acordo com a *Doxa* à qual nos dirigimos; se é uma doxa das direitas (burguesa ou pequeno-burguesa: instituições, leis, imprensa), é a privacidade sexual que mais se expõe. Mas, se for uma doxa das esquerdas, a exposição do sexual não transgride nada: neste caso a «privacidade» são as práticas fúteis, os vestígios de ideologia burguesa que o sujeito confidencia: quando me volto para essa *doxa* exponho-me menos ao declarar uma perversão do que ao enunciar uma preferência: a paixão, a amizade, a ternura, a sentimentalidade, o prazer de escrever, tornam-se então, por simples deslocamento estrutural, termos *indizíveis:* que contradizem o que pode ser dito, o que esperam que se diga, mas que precisamente – a própria voz do imaginário – se gostaria de poder dizer *imediatamente* (sem mediação).

Efectivamente...

Julgam que a finalidade do *wrestling* é ganhar? Não, é compreender. Julgam que o teatro é fictício, irreal, relativamente à vida? Não, na fotogenia dos estúdios de Harcout é o palco que é trivial e é a vida corrente que é sonhada. Atenas não é uma cidade mítica; deve ser descrita em termos realistas, sem relação com o discurso humanista (*1944*). Os Marcianos? Não servem para pôr em cena o Outro (o Estranho) mas o Próprio. O filme de «gangsters» não é emotivo, como se poderia pensar, mas sim intelectual. Júlio Verne, escritor de viagens? De forma nenhuma, escritor da clausura. A astrologia não prediz, é descritiva (descreve de forma muito realista condições sociais). O teatro de Racine não é um teatro da paixão amorosa, mas sim da relação de autoridade, etc.

Estas figuras do Paradoxo são inumeráveis; têm o seu operador lógico; é a expressão *«efectivamente»:* o *strip tease* não é uma solicitação erótica; *efectivamente* des-sexualiza a Mulher, etc.

Eros e o teatro

O teatro (a cena recortada) é o próprio local da *venustez,* ou seja de Eros olhado, iluminado (por Psyché com o seu candeeiro). Basta que um personagem secundário, episódico, apresente qualquer motivo para que eu o deseje (esse motivo pode ser perverso, não estar ligado à beleza, mas a um pormenor do corpo, ao timbre da voz, a uma forma de respirar, até a qualquer desajeitamento), para que todo um espectáculo se salve. A função erótica do teatro não é acessória porque entre todas as artes figurativas (cinema, pintura) só ele oferece os corpos e não a sua representação. O corpo de teatro é ao mesmo tempo contingente e essencial: essencial, não podemos possuí-lo (é magnificado pelo prestígio do desejo nostálgico); contingente, seria possível, pois bastaria sermos loucos por um instante (o que está ao nosso alcance) para saltarmos para o palco e tocarmos o que quiséssemos. O cinema, pelo contrário, exclui, por uma fatalidade da natureza, toda e qualquer passagem ao acto; aqui a imagem é a ausência *irremediável* do corpo representado.

(O cinema seria semelhante a esses corpos que andam, no Verão, com a camisa amplamente aberta: *vejam mas não toquem,* dizem esses corpos e o cinema, ambos, literalmente, fictícios.)

O discurso estético

Ele tenta manter um discurso que não se enuncie em nome da Lei e/ou da Violência: cuja instância não seja nem política, nem religiosa, nem científica; que seja de certo modo o resto e o suplemento de todos estes enunciados. Como chamaremos a este discurso? *Erótico,* indubitavelmente, porque se relaciona com a potência; ou talvez ainda: *estético,* se se prevê fazer sofrer pouco a pouco a esta velha categoria uma leve torção que a afastará do seu fundo regressivo, idealista, e a aproximará do corpo, da deriva.

A tentação etnológica

O que lhe agradou em Michelet foi a fundação duma etnologia da França, a vontade e a arte de interrogar historicamente – ou seja, *relativamente* – os objectos considerados mais naturais: o rosto, a alimentação, o vestuário, a compleição. Por outro lado, a população das tragédias de Racine, a dos romances de Sade, foram descritas como povos e etnias fechados cuja estrutura devia ser estudada. Nas *Mitologias,* é a própria França que é etnografada. Além disso, ele sempre gostou das grandes cosmogonias romanescas (Balzac, Zola, Proust), tão próximas das pequenas sociedades. É que o livro etnológico tem todos as poderes do livro amado; é uma enciclopédia, anotando e classificando toda a realidade, mesmo a mais fútil, a mais sensual; esta enciclopédia não adultera o Outro reduzindo-o ao Próprio; a apropriação diminui, a certeza do Eu alivia-se. Finalmente, entre todos os discursos sábios, o etnológico é o que lhe surge como estando mais próximo duma Ficção.

Etimologias

Quando escreve *decepção,* isso quer dizer *perder a posse; objecto* quer dizer *para rejeitar; amável* quer dizer *que se pode amar;* a *imagem* é uma *imitação; precário: que se pode suplicar, vergar;* a *avaliação* é uma *fundação de valor;* a *turbulência,* um *turbilhão;* a *obrigação,* um *laço;* a *definição,* um *traçado de limites;* etc.

O seu discurso está cheio de palavras que ele corta, se assim se pode dizer, pela raiz. No entanto, na etimologia, não é a verdade ou a origem da palavra que lhe agrada, é antes o *efeito de sobreimpressão* que autoriza: a palavra é vista como um palimpsesto: parece-me então que tenho ideias *na própria língua* – o que é, muito simplesmente: escrever (refiro-me aqui a uma prática, não a um valor).

Violência, evidência, natureza

Não saía dessa ideia sombria segundo a qual a verdadeira violência é a do *obviamente:* o que é evidente é violento, mesmo se essa evidência for representada suavemente, liberalmente, democraticamente; aquilo que é paradoxal, aquilo que não salta à vista, é-o menos, mesmo se for imposto arbitrariamente: um tirano que promulgasse leis excêntricas seria, feitas as contas, menos violento do que uma massa que se contentasse com enunciar *o que é óbvio:* o «natural» é, em suma, *o último dos ultrajes.*

A exclusão

Utopia (à maneira de Fourier): a dum mundo onde não houvesse senão diferenças, de tal forma que diferenciar-se já não seria excluir-se.

Ao atravessar a igreja de Saint-Sulpice e assistindo lá por acaso ao final dum casamento, tem uma sensação de exclusão. Porquê então essa alteração, proveniente do mais imbecil dos espectáculos: cerimonial, religioso, conjugal, pequeno-burguês (não era um grande casamento)? O acaso tinha propiciado esse momento raro em que todo o simbolismo se acumula e força o corpo a ceder. Tinha recebido numa única baforada todas as partilhas de que é objecto, como se, bruscamente, tivesse sido assaltado pelo próprio ser da exclusão: compacto e duro. Pois que às exclusões simples que esse episódio representava para ele acrescentava-se um derradeiro afastamento: o da sua linguagem: não podia assumir a perturbação no próprio código da perturbação – ou seja, *exprimindo-a;* sentia-se mais do que excluído: sentia-se *desprendido:* sempre relegado para o lugar da *testemunha,* cujo discurso só pode ser, como é sabido, submetido a códigos de desprendimento: ou narrativo, ou explicativo, ou contestatário, ou irónico: nunca lírico, nunca homogéneo com o *pathos* fora do qual tem de procurar o seu lugar.

Céline e Flora

A escrita sujeita-me a uma exclusão severa, não só porque me separa da linguagem corrente («popular»), mas mais essencialmente porque me proíbe de me «exprimir»: *quem* poderia ela exprimir? Agudizando a inconsistência do sujeito, a sua atopia, dispersando os logros do imaginário, torna insustentável qualquer lirismo (como dicção duma «comoção» central). A escrita é um prazer seco, ascético, de modo nenhum efusivo.

Ora, no caso duma perversão amorosa, essa secura torna-se desgarradora: estou cerceado, não posso fazer passar para a minha escrita o *encantamento* (pura imagem) duma sedução. Como falar de quem, a quem se ama? Como fazer ressoar o afecto a não ser por meio de ligações tão complicadas que lhe farão perder toda a publicidade e portanto toda a alegria?

Trata-se aqui duma perturbação da linguagem. muito subtil, análoga ao *fading* esgotante que, numa comunicação telefónica, apenas atinge por vezes um dos interlocutores. Proust descreveu-o muito bem – a propósito de algo muito diferente do amor (não será o exemplo heterológico muitas vezes o melhor?). Quando as tias Céline e Flora querem agradecer a Swann o seu vinho de Asti, fazem-no com uma tal procura de a-propósitos, excesso de discrição, euforia de linguagem, asteísmo um pouco louco, e duma forma tão alusiva, que ninguém as ouve; produzem um discurso duplo mas, infelizmente, nada ambíguo, pois a sua face pública é como que incendiada e tornada totalmente insignificante: a comunicação fracassa, não por ininteligibilidade, mas porque se verifica uma verdadeira esquize entre a emoção do sujeito – cumprimentador ou amoroso – e a nulidade, a afonia da sua expressão.

A isenção do sentido

É visível que ele sonha com um mundo que seria *isento de sentido* (como o somos do serviço militar). Isso principiou com o *Grau Zero,* onde é sonhada «a ausência de qualquer signo». A seguir, uma miríade de afirmações incidentes deste sonho (a propósito do texto de vanguarda, do Japão, da música, do alexandrino, etc.).

O que é curioso é que precisamente na opinião corrente há uma versão deste sonho; também a Doxa não gosta do sentido que, aos seus olhos, comete o erro de trazer para a vida uma espécie de inteligível infinito (que não é possível deter): à invasão do sentido (pela qual são responsáveis os intelectuais), opõe ela o *concreto;* o concreto é aquilo que se supõe resistir ao sentido.

Para ele, no entanto, não se trata de encontrar um pré-sentido, uma origem do mundo, da vida, dos factos anteriores ao sentido, mas antes de imaginar um pós-sentido: é preciso atravessar, como ao longo dum caminho iniciático, todo o sentido, para ser possível extenuá-lo e isentá-lo. Donde uma táctica dupla: contra a Doxa é preciso reivindicar a favor do sentido, porque o sentido é produto da história, não da Natureza; mas contra a Ciência (o discurso paranóico) é preciso manter a utopia do sentido abolido.

O fantasma, não o sonho

Sonhar (bem ou mal) é insípido (que aborrecidos são os relatos de sonhos!). Em contrapartida, o fantasma ajuda a passar qualquer tempo de vigília ou de insónia; é um pequeno romance de bolso que trazemos sempre connosco e que podemos abrir em todo o lado sem que ninguém dê conta, no comboio, no café, enquanto se

1. Plaisir certain
2. Trop plein. Peur du vide
3. Serpentin : trait bête qui <u>signifie</u> la volonté du hasard et non la pression du corps. Trait de bavardage.
4. Fantôme figuratif : oiseau, poisson des Iles.

espera alguém. O sonho desagrada-me porque somos inteiramente absorvidos por ele: o sonho é *monológico;* e o fantasma agrada-me porque é concomitante com a consciência da realidade (a do sítio onde me encontro); assim se cria um espaço duplo, desmantelado, graduado, no seio do qual uma voz (nunca saberei dizer qual, se a do café, se a da fábula anterior), tal como na marcha duma fuga, se coloca em posição de *indirecto:* algo se *tece,* é, sem pena nem papel, um início de escrita.

Um fantasma vulgar

Dizia-me X.: «Será possível imaginar-se a mais pequena frustração nos libertinos de Sade? E todavia a sua potência espantosa, a sua prodigiosa liberdade, são débeis ao lado da minha própria fantasmática. Não que me apeteça acrescentar a mínima prática à lista aparentemente exaustiva dos seus gozos, mas, a única liberdade com a qual sou capaz de sonhar, não a têm eles: a de poder desfrutar *instantaneamente* daquilo que cruzo e que desejo. É um facto, acrescentava ele, que este fantasma é *vulgar:* não serei eu em potência o indivíduo sádico dos casos do dia, o destrambelhado sexual que «acomete» as transeuntes na rua? Em Sade, pelo contrário, nada há que lembre alguma vez a mediocridade dos discursos da imprensa».

O regresso como farsa

Fortemente impressionado, outrora, impressionado para todo o sempre por essa ideia de Marx segundo a qual, na História, a tragédia regressa muitas vezes *mas como farsa.* A farsa é uma forma ambígua, uma vez que deixa entrever em si mesma a figura daquilo que duplica de modo caricato; assim acontece com a *Contabilidade:* forte valor no tempo em que a burguesia era progressista, característica mesquinha quando essa burguesia se tornou triunfante, instalada, exploradora; o mesmo quanto ao «concreto» (álibi de tantos cientistas medíocres e políticos vazios), que não é senão a farsa de um dos valores mais elevados: a isenção do sentido.

Este mesmo regresso-farsa é a caricatura do emblema materialista: a espiral (introduzida por Vico no nosso discurso ocidental). No trajecto da espiral, todas as coisas regressam, mas num outro local, superior: temos então o regresso da diferença, o percurso da metáfora; é a Ficção. Quanto à Farsa, esta regressa mais abaixo; é uma metáfora que pende, murcha e tomba (em debandada).

A fadiga e a frescura

O estereótipo pode ser avaliado em termos de *fadiga*. O estereótipo é aquilo que *começa* a cansar-me. Daqui o antídoto, apregoado a partir d'*O Grau Zero da Escrita*: a *frescura* da linguagem.

Em 1971 a expressão «ideologia burguesa» encontrava-se consideravelmente rançosa e começava a «cansar», tal como um arreio velho, e ele chega a escrever (discretamente): «a ideologia *dita* burguesa. Não é que ele negue por instante sequer à ideologia o seu cunho burguês (muito pelo contrário: que mais poderia ela ser?); mas é-lhe forçoso desnaturar o estereótipo por meio de qualquer signo verbal ou gráfico que assinale o seu desgaste (como aspas, por exemplo). O ideal seria evidentemente safar pouco a pouco esses sinais exteriores, ao mesmo tempo que se impede que a palavra congelada reintegre uma natureza; mas é *preciso,* para isso, que o discurso estereotipado seja apanhado numa *mimesis* (romance ou teatro): serão então os próprios personagens a funcionar como aspas: Adamov consegue deste modo produzir (no *Ping Pong)* uma linguagem sem letreiro, mas não sem distância: uma linguagem *congelada (My,* 90).

(Fatalidade do ensaio perante o romance: condenado à autenticidade – à muralha das aspas.)

Em *Sarrasine,* a Zambinella afirma que quer ser, para o escultor que a ama, «um amigo dedicado», desmascarando, através deste masculino, o seu verdadeiro sexo de origem; mas o seu amante não dá por isso: é enganado pelo *estereótipo* (*S/Z*, 169): quantas vezes não terá já o discurso universal usado esta expressão *«um amigo dedicado»?* Seria necessário partir deste apólogo, semigramatical, semi-sexual, para reconhecer os *efeitos de recalcamento* do estereótipo. Valéry falava daquelas pessoas que morrem num acidente porque não quiseram largar o guarda-chuva; quantos indivíduos recalcados, desviados, cegos quanto à sua própria sexualidade, *por não largarem um estereótipo!*

O estereótipo é esse lugar do discurso onde *falta o corpo,* onde estamos certos que ele não está. Inversamente, nesse texto pretensamente colectivo que estou a ler, o estereótipo (a escrevinhação) cede por vezes, e aparece a escrita; tenho então a certeza de que esse fragmento de enunciado foi produzido por um corpo.

A ficção

Ficção: desprendimento débil, deslocamento débil que forma um quadro completo, colorido, como uma decalcomania.

A propósito do estilo (*SI*): «É uma imagem que quero interrogar, ou mais exactamente uma visão: como é que *vemos* o estilo?» Qualquer ensaio assenta assim numa visão dos objectos intelectuais. Porque não poderia a ciência atribuir a si própria o direito de ter visões? (Muitas vezes, felizmente, ela fá-lo.) Não poderia a ciência tornar-se ficcional?

A Ficção seria inerente a uma *nova arte intelectual* (assim são definidos a semiologia e o estruturalismo no *Sistema da Moda).* Com as coisas intelectuais fazemos ao mesmo tempo teoria, combate crítico e prazer; submetemos os objectos de saber e de dissertação – como em qualquer arte – já não a uma instância de verdade mas a um pensamento dos *efeitos.*

Ele teria gostado de produzir, não uma comédia do Intelecto, mas a sua versão romanesca.

A figura dupla

Esta obra progride, na sua continuidade, pela via de dois movimentos: a *linha recta* (o reforço, o acréscimo, a insistência numa ideia, numa posição, numa preferência, numa imagem) e o *ziguezague* (a contrapartida, a marcha inversa, a posição, a energia reactiva, a negação, o regresso duma ida, o movimento do Z, a letra do desviar).

O amor, a loucura

Ordem do dia de Bonaparte, Primeiro Cônsul, à sua guarda: «O granadeiro Gobain suicidou-se por amor; era, de resto, muito boa pessoa. É a segunda vez que se verifica um acontecimento desta natureza durante o último mês. O Primeiro Cônsul ordena que seja fixado na ordem da guarda: que um soldado tem de vencer a dor e a melancolia das paixões; que há tanta coragem em sofrer com constância as penas da alma como em ficar em sentido sob a metralha duma bateria...»

Estes granadeiros amorosos, melancólicos, de que linguagem extraíam eles as suas paixões (pouco concordantes com a imagem da sua classe e da sua profissão)? Que livros teriam eles lido – ou que histórias teriam ouvido? Perspicácia de Bonaparte ao assimilar o amor a uma batalha, não no facto – banal – de dois intervenientes que se enfrentam, mas porque a rajada amorosa, cortante como metralha, provoca a surdez e o temor: crise, convulsão do corpo, loucura: aquele que está apaixonado à maneira romântica conhece a experiência da loucura. Ora, a este louco nenhuma palavra moderna é dada hoje em dia, e é afinal por isso que ele se sente louco: nenhuma linguagem para roubar – a não ser muito antiga.

Turbação, ferida, angústia, júbilo: o corpo, de alto a baixo, empolgado, *inundado de Natureza,* e tudo isto, todavia, *como se tomasse de empréstimo uma citação.* No sentimento amoroso, na loucura amorosa, quando quero falar volto a encontrar: o Livro, a Doxa, a Estupidez. Emaranhado do corpo e da linguagem: qual deles principia?

Escritas forjadas

Como é que isto *funciona* quando escrevo? – Indubitavelmente através de movimentos de linguagem suficientemente formais e repetidos para que eu possa chamar-lhes «figuras»: adivinho que há *figuras de produção,* operadores de texto. São neste caso, entre outros, a avaliação, a nomeação, a anfibologia, a etimologia, o reforço, a enumeração, o torniquete.

Eis outra dessas figuras: *a escrita forjada* (o que significa, na gíria dos peritos grafologistas, uma imitação de escrita). O meu discurso comporta muitas noções acopladas *(denotação/conotação, legível/escrevível, escritor/escrevinhador)*. Estas oposições são artefactos: vai buscar-se à ciência formas conceptuais, uma energia de classificação: rouba-se uma linguagem sem que no entanto se queira aplicá-la até ao fim; impossível afirmar: isto é denotação, aquilo é conotação, ou: fulano é escritor, sicrano é escrevinhador, etc. A oposição é *cunhada* (como uma moeda) mas não se tenta *honrá-la.* Então para que serve? Muito simplesmente para *dizer alguma coisa:* é necessário estabelecer um paradigma para produzir um sentido e poder a seguir derivá-lo.

Esta forma de encaminhar um texto (por meio de figuras e operações) condiz bem com a perspectiva da semiologia (e do que nela subsiste da antiga retórica): está, portanto, histórica e ideologicamente marcada: o meu texto é efectivamente *legível:* estou do lado da estrutura, da frase, do texto fraseado: produzo para reproduzir, como se tivesse um pensamento e o representasse com o auxílio de materiais e regras: *escrevo classicamente.*

Fourier ou Flaubert?

Historicamente, quem é mais importante: Fourier ou Flaubert? Na obra de Fourier não há por assim dizer nenhum vestígio directo da História, todavia agitada, de que ele foi contemporâneo. Quanto a Flaubert, relatou ao longo de todo um romance os acontecimentos de 1848. Isso não evita que Fourier seja mais importante da que Flaubert: enunciou indirectamente o desejo da História e, por isso, é ao mesmo tempo historiador e moderno: historiador dum desejo.

O círculo dos fragmentos

Escrever por fragmentos: os fragmentos são então pedras no perímetro do círculo: espalho-me em redor: todo o meu pequeno universo em migalhas; no centro, o quê?

O seu primeiro texto, ou quase (1942), é feito de fragmentos; essa escolha é nessa altura justificada à maneira de Gide «porque a incoerência é preferível à ordem que deforma». Na realidade, desde então nunca deixou de praticar a escrita curta: quadratins das *Mitologias* e do *Império dos Signos*, artigos e prefácios dos *Ensaios Críticos*, lexias de *S/Z*, parágrafos com título do *Michelet*, fragmentos de *Sade I* e do *Prazer do Texto*.

Já ele via o «wrestling» como uma série de fragmentos, em suma, de espectáculos, pois «no '*wrestling*' é cada momento que é inteligível e não a duração» (*My*, 14); olhava com espanto e predilecção esse artifício desportivo, submetido pela sua própria estrutura ao assíndeto e ao anacoluto, figuras de interrupção e de curto-circuito.

Não só o fragmento é cortado dos seus próximos como ainda reina, dentro de cada fragmento, a parataxia. Isso é visível se fizermos o índice remissivo dessas pequenas parcelas; em cada uma delas o conjunto dos referentes é heteróclito; como se fosse um jogo de frases rimadas: «sejam as palavras: *fragmento, círculo, Gide, 'wrestling', assíndeto, pintura, dissertação, Zen, 'intermezzo'*; imaginem um discurso que possa ligá-las.» Pois bem, será muito simplesmente este fragmento. O índice dum texto não é por conseguinte apenas um instrumento de referência; é em si mesmo um texto, um segundo texto, que é o *relevo* (resto e aspereza) do primeiro: aquilo que há de delirante (de interrompido) na razão das frases.

Não tendo feito em pintura senão garatujas tachistas, decido começar uma aprendizagem regular e paciente do desenho; tento copiar uma composição persa do século XVII («Senhor na Caça»); irresistivelmente, em vez de procurar representar as proporções, a organização, a estrutura, copio e encadeio ingenuamente pormenor por pormenor; daí, «resultados» inesperados: a perna do cavaleiro encontra-se alçada no cimo do peitoral do cavalo, etc. Em resumo, procedo por adição e não por esboço; tenho o gosto prévio (primário) do pormenor, do fragmento, do *ruso,* e a ausência de habilidade de o conduzir para uma «composição»: não sei reproduzir as «massas».

Gostando de encontrar e escrever *inícios,* tem tendência para multiplicar esse prazer: por isso escreve fragmentos: tantos os fragmentos quantos os inícios, os prazeres (mas ele não gosta dos finais: o risco de cláusula retórica é demasiado grande: receio de não saber resistir à *última palavra,* à última réplica).

O *Zen* pertence ao budismo *torin,* método da abertura abrupta, separada, rompida (o *kien* é, no extremo oposto, o método de acesso gradual). O fragmento (tal como o *haiku*) é *torin;* implica um desfrute imediato: é um fantasma de discurso, um bocejo de desejo. Sob a forma de pensamento frase, o gérmen do fragmento surge-nos em qualquer local: no café, no comboio, ao falar com um amigo (surge lateralmente em relação ao que ele diz ou àquilo que eu digo); puxamos então do bloco, não para apontar um «pensamento» mas algo semelhante a um carimbo, o que outrora se chamaria um «verso».

O quê, quando se põem fragmentos em sucessão, não há organização possível? Há, sim: o fragmento é como a ideia musical dum ciclo *(Bonne Chanson, Dichterliebe):*

cada peça basta-se a si mesma e no entanto nunca é senão o interstício das suas vizinhas: a obra é feita apenas de extratexto. O homem que melhor compreendeu e praticou a estética do fragmento (antes de Webern) foi talvez Schumann; chamava ao fragmento «intermezzo»; nas suas obras multiplicou os *intermezzi:* ao final, tudo aquilo que produzia era *intercalado:* mas entre quê e quê? Que quer dizer uma sequência pura de interrupções?

O fragmento tem o seu ideal: uma elevada condensação, não de pensamento ou de sabedoria, ou de verdade (como na Máxima) mas de Música: ao «desenvolvimento» opor-se-ia a «tonalidade», algo articulado e cantado, uma dicção: aqui deveria reinar o *timbre. Peças breves* de Webern: nenhuma cadência: que soberania a dele em *não ir longe!*

O fragmento como ilusão

Tenho a ilusão de acreditar que, ao quebrar o meu discurso, deixo de discorrer imaginariamente sobre mim mesmo, atenuo o risco de transcendência; mas como o fragmento (o haiku, a máxima, o pensamento, o recorte de jornal) é *afinal* um género retórico e a retórica é precisamente a camada da linguagem que melhor se presta à interpretação, julgando dispersar-me apenas regresso tranquilamente ao leito do imaginário.

Do fragmento ao diário

Com o álibi da dissertação destruída, acaba-se por chegar à prática regular do fragmento; e depois do fragmento chega-se ao «diário». Por conseguinte, não será o objectivo de tudo isto atribuir a si mesmo o direito de escrever um «diário»? Não serei eu obrigado a considerar tudo aquilo que escrevi como um esforço clandestino e obstinado para fazer reaparecer um dia, livremente, o tema do «diário» gideano? No horizonte terminal, talvez muito simplesmente o texto inicial (o seu primeiríssimo texto teve como objecto o Diário de Gide).

O «diário» (autobiográfico) está no entanto hoje em dia desacreditado. Entrecruzamento: no século XVI, quando se começava a escrevê-los, chamava-se-lhes um *«diaire»: diarreia e baba*(*).

Produção dos meus fragmentos. Contemplação dos meus fragmentos (correcção, polimento, etc.). Contemplação dos meus detritos (narcisismo).

A moranguina(**)

Subitamente a Mulher vinha ao de cima em Charlus: não quando andava atrás dos militares ou dos cocheiros, mas quando pedia em casa dos Verdurin, com uma voz sobreaguda: *«moranguina»!* Será a bebida uma boa *cabeça de leitura* (cabeça pesquisadora duma verdade do corpo)?

Bebidas que se bebem durante toda a vida sem se gostar delas: o chá, o uísque. Bebidas-horas, bebidas-efeitos e não bebidas-sabores. Procura duma bebida ideal: que seria muito rica em metonímias de toda a espécie.

O sabor do bom vinho (o sabor *direito* do vinho) é inseparável da comida. Beber vinho é comer. Com pretextos dietéticos, o dono do restaurante T. fornece-me a regra desse simbolismo: se bebermos um copo de vinho

---

(*) «Diarrhée et glaise», no original.(*N.T.*)

(**) Tradução possível de «freisette», bebida feita com morangos. (*N.T.*)

antes da refeição, ele quer que o acompanhemos com um pouco de pão: que se crie um contraponto, uma concomitância; a civilização começa com a duplicidade (a sobredeterminação): não será o bom vinho aquele cujo sabor se desprende, se desdobra, de tal maneira que o gole efectuado não tenha exactamente o mesmo sabor do gole iniciado? No trago de bom vinho há, como na abordagem do texto, uma torção, uma gradação: há um acamado, como numa cabeleira.

Ao relembrar as pequenas coisas de que tinha sido privado na sua infância, encontrava aquilo de que gosta hoje: por exemplo; as bebidas geladas (cervejas muito frias), porque nesse tempo ainda não havia frigoríficos (a água da torneira, em B., nos verões intensos, estava sempre morna).

Francês

Francês pelos frutos (como outros o foram «pelas mulheres»): gosto pelas peras, cerejas, framboesas; já menos pelas laranjas; e absolutamente nulo pelos frutos exóticos: mangas, goiabas, líchias.

Erros de dactilografia

Escrever à máquina: nada se risca: primeiro não existe, e subitamente está traçado: nenhuma produção; não há aproximação; não há nascimento da letra, mas sim expulsão duma pontinha de código. Os erros dactilográficos são portanto muito especiais: são erros de essência: enganando-me na tecla estou a atingir o coração do sistema; o erro dactilográfico nunca é nebuloso, *indecifrável,* mas um erro *legível,* um sentido. No entanto, todo o meu corpo se projecta nesses erros de código:

esta manhã, tendo-me levantado por engano cedo de mais, não paro de me enganar, de falsificar a minha cópia, e escrevo outro texto (essa droga que é o cansaço); e em tempo vulgar dou sempre os mesmos erros: desorganizando, por exemplo, uma estrutura através duma metátese obstinada ou substituindo por «z» (a má letra) o «s» do plural (na escrita à mão nunca dou senão um erro, frequente: escrevo «n» em vez de «m», amputo uma perna, quero letras com duas pernas e não com três). Esses erros mecânicos, pelo facto de não serem derrapagens, mas sim substituições, remetem-nos portanto para uma perturbação totalmente diversa dos particularismos manuscritos: através da máquina o inconsciente escreve com muito mais segurança do que na escrita natural, e podemos imaginar uma *grafanálise* muito mais pertinente do que a insípida grafologia; é verdade que uma boa dactilógrafa não se engana: não tem inconsciente!

O frémito do sentido

Todo o seu trabalho tem por objecto, como é óbvio, uma moralidade do signo (*moralidade* não é *moral*).

Nesta moralidade, como tema frequente, o frémito do signo tem um lugar duplo; é ele esse primeiro estado pelo qual o «natural» começa a agitar-se, a significar (voltando a ser relativo, histórico, idiomático); a ilusão (detestada) do *isso é óbvio* esboroa-se, estala, a máquina das linguagens começa a funcionar, a «Natureza» freme por toda a socialidade que nela se comprime, adormecida: espanto-me com o «natural» das frases, tal como o antigo Grego de Hegel se espantava diante da Natureza e nela tentava escutar o frémito do sentido. Todavia, a esse estado inicial de leitura semântica, segundo o qual as coisas se encaminhariam para o sentido «verdadeiro» (o da História), corresponde por outro lado e quase contraditoriamente outro valor: o sentido, antes de se abolir na insignificância, ainda freme: *há sentido,* mas esse sentido não se deixa «agarrar»; permanece fluido, estremecendo com uma leve ebulição. Desse modo se declara o estado ideal da socialidade: um imenso e perpétuo borbulhar anima sentidos inumeráveis que estalam, crepitam, fulguram sem nunca tomarem a forma definitiva dum signo tristemente carregado com o seu significado: tema feliz e impossível, pois esse sentido idealmente fremente vê-se impiedosamente recuperado por um sentido sólido (o da Doxa) ou por um sentido nulo (o das místicas de libertação).

(Formas deste frémito: o Texto, a significância e talvez o Neutro.)

A indução galopante

Tentação do raciocínio: do facto de a narrativa de sonhos (ou de deambulação) excluir o seu ouvinte (das delícias do seu referente), induzir que uma das funções da Narrativa seria a de *excluir* o seu leitor.

(Duas imprudências: não só o facto não é certo – aonde se vai buscar a ideia de que a narrativa de sonhos aborrece a não ser a um sentimento perfeitamente pessoal? – como ainda é exageradamente abstracto, ampliado até à categoria geral de Narrativa: este facto incerto torna-se ponto de partida para uma extensão abusiva. O que arrasta tudo é o sabor do paradoxo: poder sugerir que a Narrativa não é de modo nenhum projectiva, poder subverter a *doxa* narrativa.)

Canhoto

Ser canhoto, que quer dizer? Comemos ao invés do lugar designado para os talheres; encontramos o punho do telefone ao contrário, quando um dextro se serviu dele antes; a tesoura não está feita para o nosso polegar. Outrora, na sala de aula, era preciso lutar para ser como os outros, era preciso normalizar o corpo, fazer à pequena sociedade do liceu a oferta da «boa mão» (eu desenhava, por constrangimento, com a mão direita, mas coloria com a esquerda: vingança da pulsão); uma exclusão modesta, pouco consequente, tolerada socialmente, marcava a vida adolescente com um vinco ténue e persistente: acomodávamo-nos e seguíamos para diante.

Os gestos da ideia

O assunto lacaniano não lhe lembra de modo algum a cidade de Tóquio; mas Tóquio lembra-lhe o assunto lacaniano. Este *processo* é permanente: é raro que ele parta da ideia para lhe inventar a seguir uma imagem; parte dum objecto sensual e espera a seguir encontrar no trabalho a possibilidade de achar para ele uma *abstracção,* extraída da cultura intelectual do momento; a filosofia não é, então, senão uma reserva de imagens particulares, de ficções ideais (usa objectos, não raciocínios); Mallarmé falou dos «gestos da ideia»: ele encontra primeiro o gesto (expressão do corpo), a seguir a ideia (expressão da cultura, do intertexto).

Abgrund

Será possível – ou pelo menos teria sido possível outrora – começarmos a escrever sem nos tomarmos por outrem? A história das origens devia ser substituída pela história das figuras: a origem da obra não é a primeira influência, é a primeira postura: copia-se um papel, e depois, por metonímia, uma arte: começo a produzir reproduzindo aquele que eu gostaria de ser. Este primeiro voto (eu desejo ou devoto-me) funda um sistema secreto de fantasmas que persistem duma idade para a outra, muitas vezes independentemente dos escritos do autor desejado.

Um dos seus primeiros artigos incidia (1942) no *Diário* de Gide; a escrita de um outro («Na Grécia», 1944) era visivelmente imitada das *Nourritures Terrestres.* E Gide ocupa um lugar importante nas suas leituras de juventude: cruzado de Alsácia e de Gasconha, em diagonal, tal como o outro o foi de Normandia a Languedoc, protestante, com gosto pelas «letras» e tocando piano, sem falar no resto, como não se teria reconhecido e desejado nesse escritor? O *Abgrund* gideano, o inalterável gideano, forma ainda na minha cabeça um borbulhar teimoso. Gide é a minha língua original, o meu *Ursuppe,* a minha sopa literária.

O gosto pelos algoritmos

Nunca manejou verdadeiros algoritmos. Inclinou-se durante um instante (ainda que esse gosto pareça ter-lhe passado) sobre formalizações menos árduas: aparências de equações simples, esquemas, tábuas, árvores. Estas figuras, para falar verdade, não servem para nada; são brinquedos pouco complicados, análogas a bonecas que se fabrica com a ponta dum lenço: brinca-se *para si mesmo:* Zola fez, desta maneira, um plano de Plassans para explicar a si próprio o seu romance. Ele sabe que esses desenhos nem sequer têm o interesse de colocar o discurso sob a razão científica: quem poderiam eles enganar? No entanto brinca-se à ciência, que é posta no quadro à maneira dum papel colado. Assim também o *cálculo* – donde provinha o *prazer* – era colocado por Fourier numa cadeia fantasmática (pois há fantasmas de discurso).

E se eu não tivesse lido...

E se eu não tivesse lido Hegel, nem a *Princesa de Clèves*, nem *Les Chats* de Levy-Strauss, nem o *Anti-Édipo?* – O Livro que não li e que muitas vezes *me é dito* antes mesmo de ter tempo de o ler (razão pela qual talvez eu não o leia), esse livro existe do mesmo modo que o outro: tem a sua inteligibilidade, a sua memorabilidade, o seu modo de acção. Não teremos nós suficiente liberdade para receber um texto *fora de toda a letra?*

(Repressão: não ter lido Hegel seria uma falta exorbitante para um licenciado em filosofia, para um intelectual marxista, para um especialista de Bataille. Mas eu? Onde começam os meus deveres de leitura?)

Aquele que se coloca numa prática da escrita aceita com bastante alegria diminuir ou desviar a acuidade, a responsabilidade das suas ideias (temos de nos arriscar a isto com o tom que usamos habitualmente ao dizer: *que me importa? não terei eu já o essencial?*): existiria na escrita a volúpia duma certa inércia, duma certa *facilidade* mental: como se eu fosse mais indiferente à minha própria estupidez quando escrevo do que quando falo (quantas vezes são os professores mais inteligentes do que os escritores!).

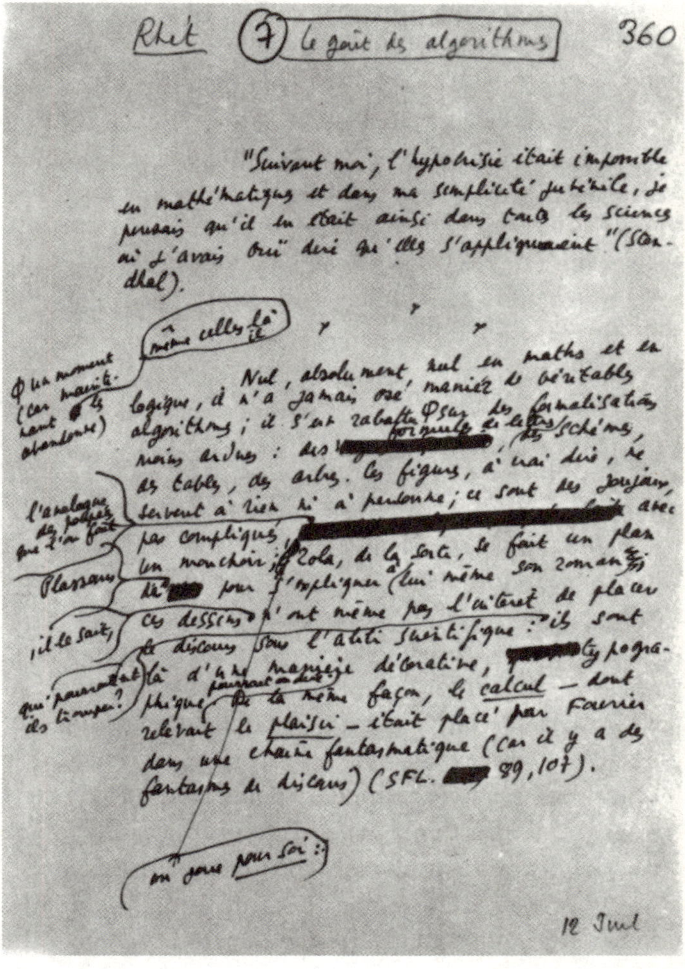

Rhet (7) Le goût des algorithmes 360

"Suivant moi, l'hypocrisie était impossible en mathématiques et dans ma simplicité juvénile, je pensais qu'il en était ainsi dans toutes les sciences où j'avais ouï dire qu'elles s'appliquaient" (Stendhal).

Nul, absolument nul en maths et en logique, il n'a jamais osé manier de véritables algorithmes; il s'est rabattu sur des formalisations moins ardues: des schémas, des tables, des arbres. Ces figures, à vrai dire, ne servent à rien ni à personne; ce sont des joujoux, pas compliqués; Zola, de la sorte, se fait un plan pour s'expliquer à lui-même son roman; ces dessins n'ont même pas l'intérêt de placer le discours sous l'alibi scientifique: ils sont là d'une manière décorative, typographique; de la même façon, le calcul — dont relevait le plaisir — était placé par Fourier dans une chaîne fantasmatique (car il y a des fantasmes de discours) (SFL. 89, 107).

12 Juil

Correcções? Mais pelo prazer de estrelar o texto.

Heterologia e violência

Ele não consegue entender como é que pode sustentar, por um lado (com outros), uma teoria textual da heterologia (portanto da rotura) e, por outro, abordar sem cessar uma crítica da violência (sem que nunca, essa é a verdade, a desenvolva e assuma até ao fim). Como caminhar com a vanguarda e os seus patronos quando se tem o gosto irónico pela deriva? – A não ser que precisamente não valha a pena, mesmo à custa dum certo retraimento, fazer como se se entrevisse *um outro estilo* de esquize.

O imaginário da solidão

Ele tinha sempre trabalhado, até aqui, sob a tutela sucessiva de grandes sistemas (Marx, Sartre, Brecht, a semiologia, o Texto). Hoje parece-lhe que escreve mais a descoberto; nada o suporta, a não ser ainda secções de linguagens passadas (pois para falar é forçoso apoiar-se noutros textos). Ele diz isto sem o tom enfatuado que pode acompanhar as declarações de independência e sem o ar de tristeza que se tem ao confessar uma solidão; mas antes para explicar a si próprio o sentimento de insegurança que hoje se apodera dele e talvez ainda mais o vago tormento duma *recessão* em direcção à pouca coisa, à coisa antiga que é, «entregue a si próprio».

– Você está a fazer uma declaração de humildade: não sai por conseguinte do imaginário e do pior que existe: o psicológico. É verdade que fazendo-o, por uma reviravolta que não tinha previsto e sem a qual passava bem, confirma a justeza do seu diagnóstico: está com efeito a retroceder, – Mas, ao dizê-lo, fujo..., etc. (a *cegarrega continua)*.

Hipocrisia?

Ao falar dum texto, ele credita o autor por não poupar o leitor. Mas encontrou este cumprimento ao descobrir que ele próprio faz tudo o que pode para o poupar e que, em resumo, nunca renunciaria a uma arte do *efeito*.

A ideia como gozo

A opinião corrente não gosta da linguagem dos intelectuais. Assim, ele foi muitas vezes catalogado sob a acusação de gíria intelectualista. Sentia-se então objecto duma espécie de racismo: excluía-se a sua linguagem, ou seja, o seu corpo: «não falas como eu, portanto excluo-te.» O próprio Michelet (ainda que a amplidão da sua temática o desculpasse) tinha-se desenfreado contra os intelectuais, os escribas, os escreventes, enviando-os para a região do *infra-sexo:* concepção pequeno-burguesa que faz do intelectual, *por causa da sua linguagem,* um ser des-sexuado, isto é, desvirilizado: o anti-intelectualismo desmascara-se como um protesto de virilidade; já não resta ao intelectual, a partir daí – tal como o Genet de Sartre querendo-se, fazendo-se o ser segundo o qual o catalogam –, senão assumir essa linguagem que lhe é colocada do exterior.

E, todavia (malícia frequente de toda a acusação social), o que é uma ideia para ele senão *um enrubescer de prazer?* «A abstracção não é de modo nenhum contrária à sexualidade» (*My*, 169). Mesmo na sua fase estruturalista, quando o essencial era descrever o *inteligível* humano, sempre associou actividade intelectual a um gozo: o *panorama,* por exemplo – aquilo que se vê da Torre Eiffel (*TE*, 39) –, é um objecto ao mesmo tempo intelectivo e feliz: liberta o corpo no próprio momento em que lhe dá a ilusão de «compreender» o campo do seu olhar.

As ideias ignoradas

Vemos uma mesma ideia crítica alimentar um livro sobre Racine (por exemplo: O *Destino é um desenho inteligente:* cai precisamente onde menos se esperava) e reaparecer muito mais tarde noutro (*S/Z*, 181). Há deste modo ideias que voltam: é porque são importantes para ele (em virtude de que encanto?). Ora essas ideias caras não têm em geral qualquer eco. Em resumo, é precisamente quando me atrevo a encorajar-me ao ponto de me repetir que, *precisamente*, o leitor «me abandona» (no que – reincidamos – o Destino é um desenho inteligente). De outra maneira: eu estava contente por ter publicado (endossando a aparente ingenuidade da frase) que «se escreve para se ser amado»; contam-me que M. D. achou esta frase idiota: com efeito só é suportável se for consumida *no terceiro grau:* estando-se consciente do facto de ela ter sido primeiramente tocante e a seguir imbecil, talvez se tenha *finalmente* a liberdade de a achar justa (M. D. não soube ir até esse ponto).

A frase

A Frase é denunciada como objecto ideológico e produzida como prazer (é uma essência reduzida do fragmento). É então possível, ou acusar o sujeito de contradição ou induzir dessa contradição um espanto, ou mesmo um retorno crítico: e se houvesse, como perversão segunda, um *prazer da ideologia*?

Ideologia e estética

A ideologia: aquilo que se repete e *consiste* (através deste último verbo ela é excluída da ordem do significante). Basta portanto que a análise ideológica (ou a contra-ideologia) se repita e consista (proclamando no *próprio local* a sua validade, por um gesto de pura franquia) para que ela própria se torne um objecto ideológico.

Que fazer? Há uma solução possível: a *estética*. Em Brecht, a critica ideológica não se faz *directamente* (senão teria mais uma vez produzido um discurso apologético, tautológico, militante); passa por relés estéticos; a contra-ideologia esgueira-se sob uma ficção, não realista mas *justa*. Talvez seja esse o papel da estética na nossa sociedade: fornecer as regras para um discurso *indirecto e transitivo* (que pode transformar a linguagem mas não proclama a sua dominação, a sua boa-consciência).

X., a quem digo que o seu manuscrito (pesado bloco contestatário sobre a televisão) é demasiado dissertativo, insuficientemente protegido *esteticamente*, tem um sobressalto com esta palavra e dá-me logo o troco: discutiu muito sobre o *Prazer do Texto* com colegas; o meu livro, diz ele, «fica permanentemente à beira da catástrofe». A catástrofe é certamente, aos olhos dele, cair na estética.

O imaginário

O imaginário, assunção global da imagem, existe nos animais (mas não o simbólico), pois eles dirigem-se directamente para o logro, sexual ou inimigo, que lhes atiram. Não dará este horizonte zoológico uma pré-excelência de interesse ao imaginário? Não se tratará aqui, *epistemologicamente*, duma categoria do futuro?

O esforço vital deste livro é pôr em cena um imaginário. «Encenar» significa: graduar suportes, dispersar papéis, estabelecer níveis e, no limite, tornar a ribalta uma barra incerta. É pois importante que o imaginário seja tratado de acordo com os seus graus (o imaginário é uma questão de consistência e a consistência uma questão de graus), e encontram-se, no decorrer destes fragmentos, vários graus de imaginário. A dificuldade reside, todavia, em não se poder numerar estes graus, como os graus de uma bebida espirituosa ou duma tortura.

Antigos eruditos colocam por vezes prudentemente, a seguir a uma proposição, o correctivo *«incertum»*. Se o imaginário constituísse um pedaço bem delimitado, em que o *embaraço* fosse sempre certo, bastaria anunciar de cada vez esta peça através de qualquer operador meta-linguístico para nos sentirmos quites por o termos escrito. Foi o que se pôde fazer aqui quanto a vários fragmentos *(aspas, parêntesis, ditado, cena, destaque,* etc.): o sujeito, desdobrado (ou *imaginando-se* como tal) consegue por vezes assinar o seu imaginário. Mas isto não é uma prática garantida; primeiro porque há um imaginário da lucidez, e ao clivar aquilo que estou a dizer só consigo, apesar de tudo, transportar a imagem para um pouco mais adiante, produzir um esgar segundo; depois e sobretudo porque, muitas vezes, o imaginário vem a passo de lobo, patinando suavemente sobre um pretérito perfeito, um pronome, uma recordação, em suma, tudo o que seja possível agrupar sob a própria divisa do Espelho e da sua Imagem: *Eu,* por *mim.*

O sonho seria portanto: nem um texto de vaidade, nem um texto de lucidez, mas um texto de aspas incertas, com parêntesis flutuantes (nunca fechar o parêntesis é, muito exactamente, *derivar).* Isso dependerá também do leitor, que produz a *graduação* das leituras.

(No seu grau pleno, o Imaginário experimenta-se do seguinte modo: tudo aquilo que tenho vontade de escrever sobre *mim* e que *afinal* me *embaraça* escrever. Ou então: aquilo que não se pode escrever sem a condescendência do leitor. Ora cada leitor tem a sua condescendência; assim, mesmo que se possa minimamente classificar as condescendências torna-se possível classificar os próprios fragmentos: cada um deles recebe o seu cunho de imaginário desse mesmo horizonte onde se julga amado, impune, subtraído ao embaraço do ser lido por um sujeito sem condescendência ou que, simplesmente: *olhasse.)*

O dândi

O uso desenfreado do paradoxo corre o risco de implicar (ou, simplesmente, implica) uma posição individualista e, se é que se pode dizer, uma espécie de dandismo. No entanto o dândi, embora Solitário, não está só: S., que é estudante, diz-lhe – com pena – que os estudantes são individualistas; numa situação histórica dada – de pessimismo e rejeição – toda a classe intelectual é virtualmente dândi, se não for militante. (É dândi aquele cuja única filosofia é transitória: o tempo é o tempo da minha vida.)

O que é a influência?

Vê-se bem nos *Ensaios Críticos* como é que o sujeito da escrita «evolui» (passando duma moral do comprometimento para uma moralidade do significante): evolui por acção dos autores de que trata progressivamente. O objecto indutor não é no entanto o autor de que falo, mas antes aquilo *que ele me leva a dizer sobre ele:* influencio-me a mim mesmo *com a sua autorização:* aquilo que digo dele obriga-me a pensá-lo de mim (ou a não o pensar), etc.

É portanto necessário distinguir os autores sobre os quais se escreve e cuja influência não é nem exterior nem anterior ao que se diz sobre eles, dos autores (concepção mais clássica) que se lêem; mas, quanto a estes, que me vem deles? Uma espécie de música, uma sonoridade pensativa, um jogo mais ou menos denso de anagramas. (Tinha cabeça cheia de Nietzsche, que acabara de ler; mas o que eu desejava, o que eu queria captar, era um canto de ideias-frases: a influência era puramente prosódica.)

O instrumento subtil

Programa duma vanguarda:

«O mundo está sem dúvida fora dos eixos, só os movimentos violentos podem repor tudo no seu lugar. Mas pode acontecer que haja, entre os instrumentos que sirvam para o efeito, um pequeno, frágil, que exija ser manipulado com leveza» (Brecht, *A Compra do Cobre*).

Pausa: anamneses

Ao lanche, leite frio, com açúcar. Havia, no fundo da velha tigela branca, um defeito na faiança; nunca se sabia se a colher, ao mexer, tocava nesse defeito ou num pedaço de açúcar mal derretido ou mal lavado.

Regresso de eléctrico, ao domingo à noite, de casa dos avós. Jantava-se no quarto, ao canto da lareira, caldo e pão torrado.

Nas noites de Verão, quando o dia nunca mais acaba, as mães passeavam por pequenos caminhos, as crianças borboleteavam em torno delas, era a festa.

Um morcego entrou no quarto. Receando que este se lhe agarrasse aos cabelos, a mãe pô-lo às costas, embrulharam-se num lençol da cama e perseguiram o morcego com tenazes.

A cavalo numa cadeira, à esquina do caminho das Arènes, o coronel Poymiro, enorme, violáceo, veias salientes, bigodudo e míope, palavra entaramelada, via passar e tornar a passar a multidão da corrida de touros. Que suplício, que medo quando ele o abraçava!

O padrinho dele, Joseph Nogaret, dava-lhe de tempos a tempos um saco de nozes e uma moeda de cinco francos.

Mme. Laffont, professora das divisões infantis no liceu de Bayonne, usava saia e casaco, blusa camiseiro e estola de raposa; como recompensa para uma boa resposta, dava um bombom com forma e gosto de framboesa.

M. Bertrand, pastor da Rue de l'Avre, em Grenelle, falava lentamente, solenemente, com os olhos fechados. A cada refeição lia um pouco duma velha Bíblia coberta por um tecido esverdeado e com uma cruz bordada. Era coisa que demorava muito tempo; nos dias de partida pensávamos que perderíamos o comboio.

Um landau puxado por dois cavalos, alugado a Darrigrand, Rue Thiers, vinha uma vez por ano buscar os viajantes a casa para os levar à estação de Bayonne, ao comboio da noite para Paris. Enquanto esperávamos, jogávamos ao Anão Amarelo.

O apartamento mobilado, alugado por correspondência, estava ocupado. Viam-se numa manhã de Novembro parisiense na Rue de Glacières, com malas e bagagens. A dona da leitaria do lado recolheu-os e ofereceu-lhes chocolate quente e «croissants».

Na Rue Mazarine, as revistas ilustradas compravam-se num estanqueiro de Toulouse; a loja cheirava a batatas salteadas; a mulher vinha lá do fundo a remoer um resto de «frichti».

Muito distinto, o Sr. Grandsaignes d'Hauterive, professor do quarto ano, manipulava um lornhão de escama, tinha um cheiro apimentado; dividia a classe em «campos» e «bancos», dotados cada um deles de um «chefe». Era um nunca acabar de liças em torno dos aoristas gregos. (Porque são os professores bons condutores de recordações?)

Por volta de 1932, no Studio 28, só, numa tarde de Maio, vi o Cão Andaluz; *quando saí, às cinco horas, a Rue Tholozé cheirava a café com leite que as empregadas das lavandarias tomavam entre duas brunidelas. Recordação indivisível de descentramento por excesso de insipidez.*

Em Bayonne, muitos mosquitos por causa das árvores do jardim; havia panos de tule nas janelas (de resto esburacados). Queimam-se pequenos cones odoríferos chamados Phidibus. *A seguir foi o começo do Fly-Tox, vaporizado por uma bomba reagente e quase sempre vazia.*

Atrabiliário, o Sr. Dupouey, professor do primeiro ano, nunca respondia a uma pergunta que tivesse sido ele a fazer; às vezes esperava uma hora em silêncio até alguém encontrar a resposta; ou então mandava o aluno passear pelo liceu.

No Verão, de manhã, às nove horas, dois rapazinhos esperavam-me numa casa baixa e modesta do Bairro Beyris; era preciso pô-los a fazer os deveres de férias. Aguardava-me também, pousada em cima de papel de jornal, preparada por uma avó franzina, uma chávena de café com leite muito claro e muito açucarado que me enjoava.

Etc. (Não pertencendo à ordem da Natureza, a anamnese comporta um «etc.».)

Chamo anamnese *à acção – misto de prazer e esforço – que conduz o sujeito a encontrar, sem* ampliação nem vibração provocada, *uma recordação ténue: é o próprio haiku. O bigrafema (ver* SFL, 13) *não é senão uma anamnese fictícia: a que atribuo ao autor de que eu gosto.*

Estas poucas anamneses são mais ou menos mates (insignificantes: isentas de sentido). Quanto melhor conseguirmos torná-las mates, tanto melhor elas fogem ao imaginário.

Estúpido?

Concepção clássica (assente na unidade da pessoa humana), a estupidez seria uma histeria: bastaria alguém «ver-se» estúpido para já o ser menos. Perspectiva dialéctica: aceito pluralizar-me, deixar viver em mim cantões livres de estupidez.

Ele sentia-se frequentemente estúpido: é que não tinha senão uma inteligência moral (isto é: nem científica, nem política, nem prática, nem filosófica, etc.).

A máquina da escrita

Por volta de 1963 (a propósito de La Bruyère, *Ec*, 221) entusiasma-se com o par *metáfora/metonímia* (já conhecido, todavia, desde as suas conversas com G. em 1950). O conceito, sobretudo se estiver acoplado, *levanta,* como uma varinha mágica, uma possibilidade de escrita: aqui, diz ele, reside o poder para dizer algo.

A obra vai assim procedendo por meio de engodos conceptuais, enrubescimentos progressivos, manias perecíveis. O discurso vai avançando através de pequenos destinos, de crises amorosas. (Malícia da língua: *engodo* quer dizer *obstrução:* a palavra fica durante algum tempo na garganta.)

Em jejum

Ao marcar o ensaio seguinte, Brecht dizia aos seus actores: *Nüchtern! Em jejum!* Não se enfartem, não se encham, não estejam inspirados, nem enternecidos, nem complacentes, estejam secos, estejam em jejum. – Estarei eu certo de poder aguentar oito dias mais tarde, *em jejum,* aquilo que escrevo? Esta frase, esta ideia (esta ideia-frase), que me satisfaz quando a encontro, quem me garante que não irá enjoar-me quando a encontrar *em jejum*? Como hei-de interrogar a minha própria repugnância (a repugnância pelas minhas próprias dejecções)? Como preparar a melhor leitura de mim mesmo que eu possa esperar: não amar mas simplesmente *suportar em jejum* aquilo que foi escrito?

Carta de Jilali

«Aqui vai a minha saudação, meu caro Roland. A sua carta causou-me um enorme prazer. No entanto, esta traz a imagem da nossa íntima amizade que é dum modo sem defeitos. Em contrapartida, tenho a grande alegria de responder à sua carta tão séria e de lhe agradecer infinitamente e do mais fundo do meu coração as suas palavras soberbas. Desta vez, meu caro Roland, vou falar-lhe dum assunto aborrecido (em minha opinião). O assunto é o seguinte: tenho um irmão mais novo do que eu, estudante do terceiro ano AS e que é muito melómano (gosta de guitarra) e amoroso; mas a pobreza dissimula-o e esconde-o no seu mundo terrível (dói-lhe o presente, «diz o seu poeta») e peço-lhe, meu

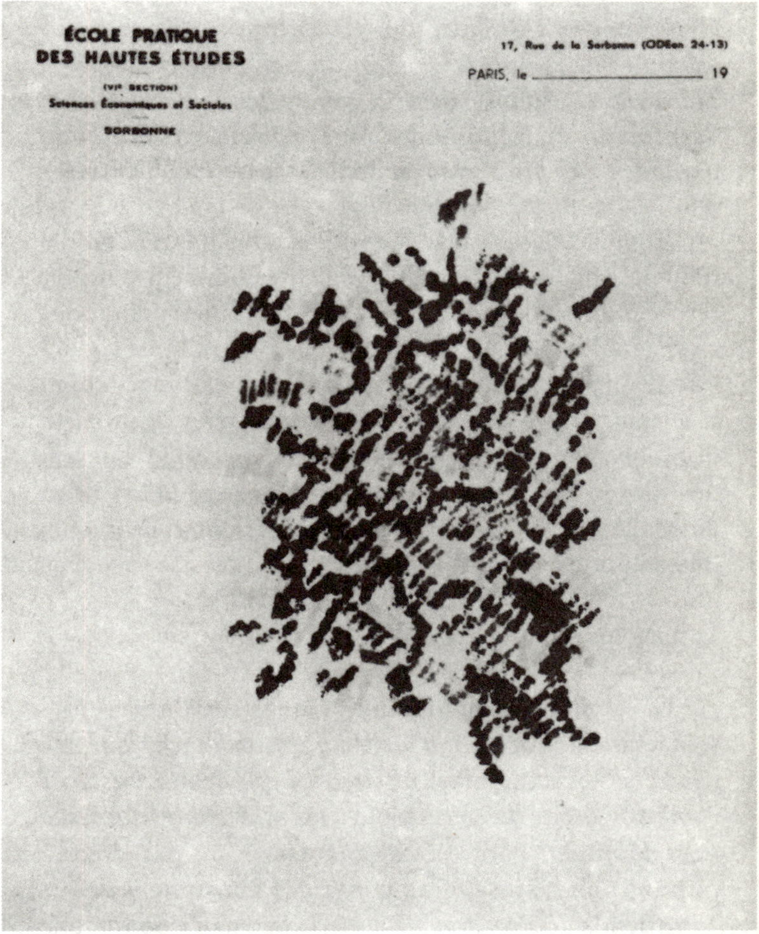

Desperdício.

caro Roland, que procure para ele um trabalho no seu agradável país, no mais curto prazo possível, pois ele tem uma vida cheia de inquietação e preocupações; ora, conhece bem a situação dos jovens marroquinos e isso espanta-me realmente e impede em mim os sorrisos radiosos. E espanta mesmo que se tenha um coração desprovido de xenofobia e misantropia. Aguardando impacientemente a sua resposta, peço ao meu Deus que o conserve de perfeita saúde».

(Delícias desta carta: sumptuosa, brilhante, literal e todavia imediatamente literária, literária sem cultura, reforçando com cada frase o prazer da língua em todas as suas inflexões, precisa, impiedosa, para lá de toda a estética mas sem nunca a censurar, nem de longe (como o teriam feito os nossos tristes compatriotas), a carta diz *ao mesmo tempo* a verdade e o desejo: todo o desejo de Jilali (a guitarra, o amor), toda a verdade política de Marrocos. Este é exactamente o discurso utópico a que se pode aspirar.)

O paradoxo como gozo

G. sai muito excitado, muito inebriado duma representação da *Cavalgada no Lago Constança*, que ele descreve nestes termos: *é barroco, é louco, é kitsch, é romântico*, etc. *E*, acrescenta ele, *está completamente fora de moda!* Para certas organizações o paradoxo é portanto um êxtase, uma perda das mais intensas.

Adenda ao *Prazer do Texto:* o gozo não é aquilo que *responde* ao desejo (que o satisfaz), mas sim aquilo que o surpreende, que o excede, o despista, o faz derivar. Teremos de nos voltar para as místicas para podermos encontrar uma boa formulação daquilo que faz assim desviar o sujeito: Ruysbroek: «Chama embriaguez do espírito a esse estado em que o gozo ultrapassa as possibilidades entrevistas pelo desejo.»

(No *Prazer do Texto* o gozo é, *já nessa altura,* dito imprevisível e a palavra de Ruysbroek é já citada: mas posso sempre citar-me a mim mesmo para significar uma insistência, uma obsessão, uma vez que se trata do meu carpo.)

O discurso jubilatório

– *Amo-te, amo-te!* Proveniente do corpo, irreprimível, repetido, não esconderá todo este paroxismo da declaração de amor qualquer *falha?* Não precisaríamos de dizer esta palavra se não fosse para obscurecer como o choco faz com a sua tinta – o fracasso do desejo sob o excesso da sua afirmação.

– O quê? Condenados para sempre ao retorno morno de um discurso *médio?* Não haverá então nenhuma probabilidade de existir em algum recanto perdido da logosfera a possibilidade dum puro discurso jubilatório? Não será concebível que a linguagem, numa das suas margens extremas – é certo que bem próximas da mística –, se torne finalmente *expressão* primeira e como que *insignificante* de uma cumulação?

– Não há nada a fazer: é a palavra da solicitação: só pode portanto incomodar quem a recebe, com excepção da Mãe – e de Deus!

– A menos que se justifique que eu rejeite essa palavra, no caso (improvável mas sempre esperado) de dois «amo-te», emitidos num clarão único, formarem uma coincidência pura, anulando, através desta simultaneidade, os efeitos de chantagem de um indivíduo sobre o outro: a solicitação permaneceria *em levitação.*

Cumulação

Toda a poesia e toda a música (românticas) nessa solicitação: *amo-te, ich liebe dich!* Mas qual poderá ser a resposta jubilatória, se por milagre surgir? Qual o *sabor* da cumulação? – Henri Heine: *Doch wenn du sprichst: Ich liebe dich! So muss ich weinen bitterlich: vacilo, caio, choro amargamente.*

(A palavra amorosa revolve-nos como um luto).

O trabalho da palavra

E, a seguir, mudança de cenário: imagino-me à procura duma saída dialéctica para a saciedade. Penso então que a apóstrofe amorosa, embora eu a repita e a reconduza, de dia para dia, através do tempo, recobrirá de todas as vezes um novo estado. Tal como o Argonauta que renova o seu navio durante a viagem sem lhe mudar o nome, assim realizará o sujeito amoroso por meio da mesma exclamação um longo trajecto, dialectizando pouco a pouco a solicitação original sem nunca embaciar a incandescência do seu primeiro destinatário, considerando que é próprio do amor e da linguagem conferir a uma mesma frase inflexões sempre novas, criando assim uma língua inaudita em que a forma do sinal se repete, mas nunca o seu significado; em que o falador e o amoroso triunfam finalmente da atroz *redução* que a linguagem (tal como a ciência psicanalítica) imprime a todos os nossos afectos.

(Dos três imaginários que acabo de referir, o mais operante é o último; pois se uma imagem é construída, essa imagem é pelo menos a duma transformação dialéctica – a duma *práxis.)*

O temor da linguagem

Ao escrever um determinado texto, sente-se culpado do uso de gíria, como se não conseguisse sair dum discurso que se torna louco à força de ser particular: e se, em suma, ele *se tivesse enganado de linguagem* durante toda a sua vida? É tanto mais assolado por esse pânico aqui (em U.) quanto mais, não saindo à noite, vê televisão: representa-se-lhe então sem cessar (re-mostra-se-lhe) uma linguagem corrente da qual está segregado; esta linguagem interessa-lhe, mas isso não é recíproco: a linguagem dele pareceria ao público da televisão inteiramente irreal (e, fora do gozo estético, toda a linguagem irreal corre o risco de se tornar ridícula). É este o ricochete da energia linguageira: num primeiro tempo, ouvir a linguagem dos outros e extrair desta distância uma segurança; e, num segundo tempo, duvidar deste recuo: ter medo do que se diz (indissociável da maneira como é dito).

Acerca daquilo que escreveu durante o dia, tem medos nocturnos. A noite faz regressar fantasmaticamente todo o imaginário da escrita: a imagem do *produto*, o *eco* crítico (ou amigável): *é demasiado isto, é demasiado aquilo, não é suficiente.* Durante a noite os adjectivos regressam em massa.

A língua materna

Porquê tão pouco gosto e/ou tão pouca aptidão para as línguas estrangeiras? Aprendeu inglês no liceu (aborrecido: a rainha Mab, *David Copperfield, She stops to conquer)*. Teve mais prazer com o italiano, de que um antigo pastor milanês (estranha conjunção) lhe deu alguns rudimentos. Mas a esses idiomas apenas deu um uso vagamente turístico: nunca entrou numa língua:

pouco gosto pelas literaturas estrangeiras, pessimismo permanente relativamente à tradução, pânico perante as perguntas dos tradutores, de tal forma parecem estes ignorar frequentemente aquilo que julga ser o próprio sentido duma palavra: a conotação. Todo este bloqueio é o avesso dum amor: o da língua materna (a língua das mulheres). Não é um amor nacional: por um lado não acredita na pré-excelência de nenhuma língua e sente muitas vezes as carências cruéis do francês; por outro lado, nunca se sente em estado de segurança na sua própria língua; são frequentes as ocasiões em que reconhece a divisão ameaçadora; por vezes, ao ouvir os franceses na rua, fica espantado por os entender, por partilhar com eles uma parte do seu corpo. Pois é indubitável que a língua francesa não é para ele senão a língua umbilical.

(E, ao mesmo tempo, gosto pelas línguas muito estrangeiras, tal como o japonês, cuja estrutura *representa* para ele – imagem e demonstração – a organização dum sujeito *diverso.)*

O léxico impuro

Não poderia ele definir-se assim: o sonho duma sintaxe pura e o prazer dum léxico impuro, heterológico (que mistura a origem, a especialidade das palavras)? Esta dosagem tornaria evidente uma certa situação histórica mas também um dado de consumo: é um pouco mais lido do que a pura vanguarda, mas muito menos do que um autor de grande cultura.

Gosto, não gosto

Gosto: de salada, de canela, de queijo, de pimentos, de pasta de amêndoas, do cheiro a feno cortado (gostava que um «nariz» fabricasse um tal perfume), de rosas, de peónias, de lavanda, de champanhe, das posições levianas em política, de Glenn Gould, da cerveja excessivamente gelada, dos travesseiros achatados, de pão torrado, de charutos de Havana, de Haendel, de passeios compassados, de peras, de pêssegos brancos ou de videira, de cerejas, de cores, de relógios, de canetas, de penas de escrever, de entremeios, de sal cru, de romances realistas, de piano, de café, de Pollock, de Twombly, de toda a música romântica, de Sartre, de Brecht, de Verne, de Fourier, de Eisenstein, dos comboios, de *médoc,* de *bouzy,* de ter dinheiro, de Bouvard e Pécuchet, de caminhar com sandálias ao fim da tarde nas estradas do Sudoeste, do cotovelo do Adour visto da casa ao Dr. L., dos irmãos Marx, do serrano às sete horas da manhã ao sair de Salamanca, etc.

Não gosto: dos lulus brancos, das mulheres de calças, dos gerânios, dos morangos, de cravo, de Miró, das tautologias, de desenhos animados, de Arthur Rubinstein, de vivendas, das tardes, de Satie, de Bartok, de Vivaldi, de telefonar, dos coros de crianças, dos concertos de Chopin, das «bransles» da Borgonha, das danças da Renascença, de órgão, de M.-A. Charpentier, das suas trompetas e dos seus timbales, do político-sexual, de cenas domésticas, de iniciativas, da fidelidade, da espontaneidade, dos serões com pessoas que não conheço, etc.

Gosto e não gosto: isto não tem qualquer importância para ninguém; aparentemente não tem qualquer sentido. E, todavia, tudo isto quer dizer: *o meu corpo não é o mesmo que o vosso*. Assim, nesta espuma anárquica do que se ama e do que se não ama, espécie de barragem distraída, desenha-se pouco a pouco a figura dum enigma corporal, que suscita cumplicidade ou irritação. Aqui principia a intimidação do corpo, que obriga o outro a suportar-me *liberalmente*, a permanecer silencioso e cortês perante prazeres ou refutações que não partilha.

(Uma mosca atormenta-me: mato-a: mata-se aquilo que nos aborrece. Se não tivesse morto a mosca teria sido por *puro liberalismo:* sou liberal para não ser um assassino.)

Estrutura e liberdade

Estruturalista, quem o é ainda? Ele é-o, todavia, pelo menos no seguinte: um local uniformemente ruidoso parece-lhe inestruturado porque num tal local já não há qualquer liberdade de escolher o silêncio ou a palavra (quantas vezes não terá já dito a um vizinho de bar: *não posso falar consigo porque há demasiado barulho).* A estrutura fornece-me pelo menos dois termos dos quais posso, a meu bel-prazer, marcar um e rejeitar o outro; é portanto, de qualquer modo, uma garantia (modesta) de liberdade: como dar nesse dia um sentido ao meu silêncio se *de toda a maneira* não posso falar?

O aceitável

Deu grande uso a essa noção linguística: *o aceitável:* uma forma é aceitável quando pode, numa dada língua, receber sentido. A noção pode ser transportada para o plano do discurso. Deste modo as proposições do haiku são sempre «simples, correntes e aceitáveis» (*EpS*, 93); também deste modo, sai da máquina dos *Exercícios* de Loyola «uma solicitação codificada, portanto aceitável» (*SFL*, 63); e duma forma geral a ciência da literatura (se algum dia existir) não terá de provar um determinado sentido mas sim de dizer «porque é que um sentido é aceitável» (*CV*, 58).

Esta noção quase científica (uma vez que é de origem linguística) tem a sua face passional: substitui a verdade duma forma pela sua validade; a partir dai *(à socapa,* poder-se-ia dizer), leva-nos para o tema querido do sentido desiludido, isento, ou ainda: duma disponibilidade à deriva. Neste ponto, *o aceitável,* sob o álibi estrutural, é uma figura do desejo: desejo a forma aceitável (legível) como maneira de evitar a dupla violência: a do sentido pleno imposto e a do não-sentido heróico.

Legível, escrevível e para além disso

Em *S/Z* propõe-se uma oposição: *legível/escrevível.* É *legível* o texto que eu não poderia voltar a escrever (poderei eu hoje escrever como Balzac?); é *escrevível* o texto que leio com dificuldade (a menos que altere totalmente o meu regime de leitura). Imagino agora (como me sugerem certos textos que me são enviadas) que talvez haja uma terceira entidade textual: ao lado do legível e do escrevível haveria algo como o *receptível.* O *receptível* seria o ilegível que se agarra, o texto ardente, produzido permanentemente fora de qualquer verosimilhança e cuja função – visivelmente assumida pelo seu escritor – seria a de contestar o constrangimento mercantil do escrito; este texto, guiado, armado por um pensamento do impublicável, faria apelo à seguinte resposta: não posso ler nem escrever aquilo que você produz, mas *recebo-o,* como um fogo, uma draga, uma desorganização enigmática,

A literatura como matese

Quando lê textos clássicos (de *O Burro de Ouro* a Proust) fica sempre maravilhado com a soma de saber amontoado e ventilado pela obra literária (segundo leis próprias, cujo estudo deveria constituir uma nova análise estrutural): a literatura é uma *matese,* uma ordem, um sistema, um campo estruturado de *saber.* Mas este campo não é infinito: por um lado, a literatura não pode exceder o saber da sua época; e, por outro, não pode dizer tudo: como linguagem, como generalidade *finita,* não pode dar a perceber os objectos, os espectáculos, os acontecimentos que a tenham surpreendido ao ponto de a deixarem estupefacta; foi o que Brecht viu e disse: «Os acontecimentos de Auschwitz, do «ghetto» de Varsóvia, de Buchenwald, não suportariam por certo uma descrição de carácter literário. A literatura não estava preparada para eles e não adquiriu os meios para os relatar.» (*Escritos sobre a Política e a Sociedade,* pág. 244.)

Isto talvez explique a impotência em que nos encontramos hoje em dia para produzir uma literatura realista: não é já possível reescrever Zola, Balzac, Proust, ou sequer os maus romances socialistas, ainda que as suas descrições se baseiem numa divisão social que continua a existir. O realismo é sempre tímido – e há demasiadas *surpresas* num mundo tornado tão profuso pela informação de massas e a generalização da política que já não é possível representá-lo projectivamente. O mundo, como objecto literário, escapa-se; o saber deserta a literatura que já não pode ser nem *Mimesis* nem *Matesis* mas simplesmente *Simiosis*, aventura do impossível linguageiro, numa palavra: *Texto* (é falso dizer-se que a noção de «texto» duplica a noção de «literatura»: a literatura *representa* um mundo finito, o texto *figura* o infinito da linguagem: sem saber, sem razão, sem inteligência).

O livro do Eu

As «ideias» dele têm certa relação com a modernidade, até mesmo com aquilo a que se chama a vanguarda (o assunto, a História, o sexo, a língua); mas ele resiste às suas próprias ideias: o seu «eu», concreção racional, resiste-lhes permanentemente. Este livro, embora feito aparentemente de uma sucessão de «ideias», não é o livro das suas ideias; é o livro do Eu, o livro das minhas resistências às minhas próprias ideias; é um livro *recessivo* (que recua mas que também talvez tome recuo).

Tudo isto deve ser considerado como dito por um personagem de romance – ou antes, por vários. Pois o imaginário, matéria fatal do romance e labirinto dos emaranhados em que se perde aquele que fala sobre si mesmo, o imaginário é abordado através de várias máscaras *(personae)*, escalonadas de acordo com a profundidade do palco (e, todavia, *nenhuma pessoa* atrás). O livro não escolhe, funciona par alternância, progride por baforadas de imaginário simples e de acessos críticos, mas estes mesmos acessos nunca são senão efeitos de ressonância: não há imaginário mais puro do que o da crítica (de si próprio).

A substância deste livro é afinal puramente romanesca. A intrusão, no discurso do ensaio, duma terceira pessoa que não remete, todavia, para nenhuma criatura fictícia evidencia a necessidade de remodelar os géneros: que o ensaio se confesse como sendo *quase* um romance: um romance sem nomes próprios.

A verborreia

Em 7 de Junho de 1972, estado curioso: por cansaço, por depressão nervosa, sinto-me interiormente apoderado por uma verborreia, um bombardeamento de frases; o que significa que me sinto ao mesmo tempo muito inteligente e muito vão.

É precisamente o contrário da escrita, parcimoniosa até no dispêndio.

Lucidez

Este livro não é um livro de «confissões»; não porque não seja sincero, mas porque temos hoje um saber diferente do de ontem. Esse saber pode resumir-se da seguinte forma: aquilo que escrevo sobre mim próprio nunca é a *última palavra:* quanto mais «sincero» sou, mais me torno interpretável, sob o olhar de instâncias diversas dos antigos autores, que julgavam não terem de se submeter senão a uma lei: *a autenticidade.* Estas instâncias são a História, a Ideologia, o Inconsciente. Abertos (e como poderiam eles estar de outro modo?) a estes diferentes porvires, os meus textos desimbricam-se, nenhum deles recobre o outro; este não é senão um texto mais, o último da série, não o derradeiro do sentido: *texto sobre texto,* nada esclarece nunca nada.

Que direito tem o meu presente de falar do meu passado? Terá o meu presente presa sobre o meu passado? Por que «graça» teria eu sido iluminado? Apenas pela do tempo que passa, ou pela duma boa causa, reencontrada no meu caminho?

Nunca se trata senão disto: qual o projecto de escrita que irá apresentar, não a melhor finta, mas uma *finta indecidível* (o que D. diz sobre Hegel)?

O casamento

A relação com a Narrativa (com a representação, *a mimesis)* passa pelo édipo, é coisa sabida. Mas passa também, nas nossas sociedades de massas, pela relação com o casamento. Vejo um sinal disto, mais ainda do que no número de peças de teatro e de filmes cujo tema é adultério, nesta cena (penosa) de entrevista (na TV): interrogam, torturam o actor J. D. acerca das suas relações com a mulher (também actriz); o entrevistado *tem vontade* de que este bom marido seja infiel; isso excita-o, ele *exige* uma palavra dúbia, um germe de narrativa. O casamento propicia deste modo grandes excitações colectivas: se o édipo e o casamento fossem suprimidos, que nos restaria para *contar*? Logo que eles desapareçam, a arte popular sofrerá uma mutação de alto a baixo.

(Laço entre o édipo e o casamento: trata-se de «o» ter e de «o» transmitir.)

Uma recordação de infância

Era eu criança, morávamos num bairro chamado Marrac; este bairro estava cheio de casas em construção, em cujos estaleiros as crianças brincavam; havia grandes buracos cavados na terra argilosa, destinados aos alicerces das casas, e certo dia em que tínhamos estado a brincar num desses buracos todas as crianças saíram dele excepto eu, que não consegui; do solo, de cima, troçavam de mim: perdido! sozinho! olhado! excluído! (estar excluído não é estar de fora, é estar só no *buraco,* fechado a céu aberto: *excluído);* vi então a minha mãe acorrer; tirou-me dali e levou-me para longe das crianças, contra elas.

De madrugada

Fantasma da madrugada: durante toda a minha vida sonhei levantar-me cedo (desejo de classe: levantarmo-

-nos cedo para «pensar», para escrever, não para apanhar o comboio dos subúrbios); mas essa madrugada do fantasma nunca eu a veria, mesmo que conseguisse levantar-me cedo; pois para ela ser conforme com o meu desejo seria necessário que, mal me levantasse, eu pudesse, sem perda de tempo, vê-la no despertar, na consciência, na acumulação de sensibilidade que se tem à noite. Como conseguir estar bem disposto à minha vontade? O limite do meu fantasma é sempre a minha *in-disposição*.

Medusa

A Doxa é a opinião corrente, o sentido repetido, *como se nada fosse*. É a Medusa: petrifica aqueles que a vêem. Isto quer dizer que é *evidente*. Será que é vista? Nem sequer isso: é uma massa gelatinosa que se cola ao fundo da retina. O remédio? Quando adolescente, banhava-me eu um dia em Malo-Les-Bains num mar frio infestado de medusas (em virtude de que aberração tinha eu aceite aquele banho? Estávamos em grupo, o que justifica todas as cobardias); era tão banal virmos dali cobertos de queimaduras e de bolhas que a guarda das cabinas dava-nos fleumaticamente um litro de lixívia quando saíamos do banho. Do mesmo modo, poderíamos conceber sentirmos prazer (perverso) com os produtos endoxais da cultura de massas desde que, quando saíssemos do banho dessa cultura, nos dessem, todas as vezes, como se nada fosse, um pouco de discurso detergente.

Rainha e irmã das horrendas Górgonas, Medusa tinha uma rara beleza pelo esplendor da sua cabeleira. Como Neptuno a havia raptado e desposado num templo de Minerva, esta tornou-a repelente e transformou-lhe os cabelos em serpentes.

(É verdade que há no discurso da Doxa antigas belezas adormecidas, a reminiscência duma sabedoria sumptuosa e outrora fresca; e é efectivamente Atenas, a deusa sábia, que se vinga tornando a Doxa numa caricatura da sabedoria.)

Medusa, ou a Aranha, é a castração. Ela deixa-me *siderado*. A sideração é causada por uma cena que ouço mas não vejo: a minha escuta é frustrada da sua visão: fico *atrás da porta*.

A Doxa fala, eu ouço-a, mas não estou no seu espaço. Homem do paradoxo, como qualquer escritor, estou *atrás da porta;* bem quereria franqueá-la, bem quereria ver o que lá se diz, participar eu também nessa cena comunitária; estou permanentemente *à escuta daquilo de que sou excluído;* acho-me em estado de sideração, varado, cerceado da popularidade da linguagem.

A Doxa é opressiva, isso já sabemos. Mas poderá ela ser repressiva? Leia-se esta frase terrível dum jornal revolucionário (*A Boca de Ferro,* 1970): «...é preciso colocar acima dos três poderes um poder censor de vigilância e de opinião, que pertencerá a todos, que todos poderão exercer sem delegação.»

Abou Nowas e a metáfora

O desejo não faz acepção de objecto. Quando um prostituído olhava para Abou Nowas, Abou Nowas lia nesse olhar não o desejo de dinheiro mas simplesmente o desejo – e ficava por esse facto emocionado. Que isto sirva como apólogo para todas as ciências da deslocação: pouco interessa o sentido transportado, pouco interessam os termos do trajecto: apenas conta – e fundamenta a metáfora – *transporte em si.*

As alegorias linguísticas

Em 1959, a propósito da Argélia Francesa, você fornece uma análise ideológica do verbo «ser». A «frase», objecto gramatical por excelência, serve-lhe para dizer o que se passa num bar de Tânger. Conserva a noção de «metalinguagem» mas a título de imaginário. Em si, este processo é constante: você pratica uma pseudo linguística, uma linguística metafórica: não porque os conceitos gramaticais procurem imagens para se dizerem, mas, pelo contrário, porque esses conceitos vão constituir alegorias, uma segunda linguagem, cuja abstracção faz derivar com fins romanescos: a mais séria das ciências, essa mesma que se ocupa do próprio ser da linguagem e propicia toda uma sucessão de nomes austeros, é *também* uma reserva de imagens, e serve-lhe a si, como se fosse uma língua poética, para enunciar o que é próprio dos seus desejos: você descobre afinidades entre a «neutralização», noção que permite aos linguistas explicar muito cientificamente a perda do sentido em certas oposições pertinentes, e o *Neutro,* categoria ética que se lhe torna a si necessária para levantar a marca intolerável do sentido ostentado, do sentido opressivo. E o próprio sentido, quando você o vê funcionar é com o divertimento quase pueril dum comprador que não se cansa de pôr a funcionar um «gadget».

Enxaquecas

Habituei-me a dizer *enxaquecas* ao falar de *dores de cabeça* (talvez porque a palavra seja bonita). Esta palavra imprópria (pois que não sofro apenas de metade da cabeça)(*) é uma palavra socialmente justa: atributo mitológico

(*) Em francês, *migraine.* (N.T.)

da mulher burguesa e do homem de letras, a enxaqueca é um facto de classe: será que vemos o proletário ou o pequeno comerciante terem enxaquecas? A divisão social passa pelo meu corpo; o meu próprio corpo é social.

Porque será que no campo (no Sudoeste) tenho enxaquecas mais fortes e mais numerosas? Estou descansado, com ar livre, e todavia tanto mais dores de cabeça sinto. Que estarei eu a recalcar? O meu luto da cidade? A retomada do meu passado baionês? As saudades da infância? De que deslocação serão indício as minhas enxaquecas? Mas talvez a enxaqueca seja uma perversão? Ao doer-me a cabeça isso significaria então ter-se apoderado de mim um desejo parcial, como se eu enfeitiçasse um ponto preciso do meu corpo: *o interior da minha cabeça:* terei eu então más relações com o meu trabalho? Uma maneira de me dividir, de desejar o meu trabalho e ter ao mesmo tempo medo dele?

Muito diversas das enxaquecas de Michelet, «mistos de ofuscamento e de náusea», as minhas enxaquecas são mates. Ter dores de cabeça (nunca muito violentas) é para mim uma maneira de tornar o meu corpo opaco, casmurro, encolhido, *quedo,* isto é, ao fim e ao cabo (grande tema reencontrado): *neutro.* A ausência de enxaqueca, a vigília insignificante do corpo, o grau zero da cenestesia, eu estaria a lê-los como se fossem, em suma, o *teatro* da saúde; para ter a certeza de que o meu corpo não é são duma forma histérica ser-me-ia necessário tirar-lhe de tempos a tempos a *marca* da sua transparência e vivenciá-lo como uma espécie de órgão um pouco glauco e não como uma figura triunfante. A enxaqueca seria então um mal psicossomático (e já não neurótico) por meio do qual eu concordaria em entrar, mas *apenas um pouco* (pois a enxaqueca é coisa ténue), na doença mortal do homem: a carência de simbolização.

Passado de moda

A sua vida, subtraída ao livro, era permanentemente a dum indivíduo passado de moda: quando se sentia apaixonado (pela maneira e pelo próprio facto) estava passado de moda; quando amava a Mãe (o que seria se ele tivesse conhecido bem o pai e por infelicidade o tivesse amado!) estava passado de moda; quando se sentia democrata, estava passado de moda, etc. Mas bastaria que a Moda desse uma volta mais na espiral para que isso se tornasse uma espécie de *«kitsch»* psicológico, em suma.

A moleza das grandes palavras

Há naquilo que ele escreve duas espécies de grandes palavras. Umas são simplesmente mal usadas: vagas, insistentes, servem para preencher o lugar de vários significados («Determinismo», «História», «Natureza»). Sinto a moleza destas grandes palavras, moles como os relógios de Dali. As outras («escrita», «estilo») são remodeladas de acordo com um projecto pessoal; palavras de sentido idiolectal.

Ainda que, do ponto de vista duma «sã redacção», estas duas classes não tenham o mesmo valor, comunicam todavia: na palavra vaga (intelectualmente) há uma precisão existencial que é tanto mais viva: a *História* é uma ideia moral: permite relativizar o natural e acreditar num sentido do tempo; a *Natureza* é a socialidade naquilo que tem de oprimente, de imóvel, etc. Cada palavra *gira,* quer como um leite(*), perdendo-se no

(*) Tourne, girar e talhar. (*N.T.*)

espaço desagregado da fraseologia, quer como uma broca, até à raiz neurótica do sujeito. E há, finalmente, outras palavras que são buscadoras: seguem quem encontram: *imaginário*, em 1963, não é senão um termo vagamente bachelardiano *(EC, 214)* mas em 1970 (*S/Z*, 17) surge rebaptizado, inteiramente passado para o sentido lacaniano (ainda que deformado).

A coxa da bailarina

Supondo que a vulgaridade seja um atentado à discrição, a escrita corre permanentemente o risco de ser vulgar. A nossa escrita (neste tempo) desenvolve-se num espaço da linguagem que é ainda retórico e não pode renunciar a sê-lo se quisermos poder (um pouco) comunicar (oferecermo-nos à interpretação, à análise). A escrita supõe por conseguinte *efeitos de discurso;* basta que estes efeitos sejam um pouco forçados para que logo a escrita se torne vulgar: de todas as vezes que mostra, se assim podemos dizer, a sua *coxa de bailarina.* (O próprio título deste fragmento é *vulgar.*)

O imaginário, parado, hirto, imobilizado pelo fantasma de escritor como que por efeito dum instantâneo fotográfico, torna-se uma espécie de *esgar:* mas, se a pose for propositada, o esgar muda de sentido (problema: como sabê-lo?).

Político/Moral

Toda a minha vida me tenho ralado, politicamente. Induzo a partir daqui que o único Pai que conheci (que ofereci a mim mesmo) foi o Pai político.

É um pensamento *simples*, que regressa muitas vezes mas nunca vejo ser formulado (talvez seja um pensamento *estúpido)*: não existirá *sempre* ética no político? Aquilo que fundamenta o político, ordem do real, ciência pura do real social, não será o Valor? Em nome de quê decidirá um militante... militar? Não será a prática política, que se desliga precisamente de qualquer moral e de qualquer psicologia, uma origem... psicológica e moral?

(Isto é um pensamento verdadeiramente *atrasado*, uma vez que ao acoplarmos a Moral e a Política ficamos com duzentos anos de idade, passamos a ser de 1795, ano em que a Convenção criou a Academia das ciências morais e políticas: categorias velhas, lanternas velhas. – Mas, em que é isto falso? – Nem *sequer* é falso; já não se usa; as moedas antigas também não são falsas: são objectos de museu retidos por um consumo peculiar, o consumo do que é velho. Mas não será possível extrair dessas moedas velhas um pouco de metal útil? – O que se torna útil nesse pensamento estúpido é ver-se nele o afrontamento intratável de duas epistemologias: o marxismo e o freudismo.)

Palavra-moda

Ele não sabe *aprofundar* convenientemente. Uma palavra, uma figura de pensamento, uma metáfora, em suma, uma forma, apodera-se dele durante anos, ele repete-a, serve-se dela para tudo (por exemplo «corpo», «diferença», «Orfeu», «Argos», etc.) mas não tenta de modo algum prosseguir na reflexão sobre o que entende por essas palavras ou essas figuras (e quando o faz é para encontrar novas metáforas à guisa de explicação): não é possível aprofundar uma cantilena; podemos quando muito substituí-la por outra. É, em suma, aquilo que a Moda faz. Ele tem desta forma as suas modas interiores, pessoais.

História da semiologia.

Palavra-valor

As palavras preferidas que ele usa são muitas vezes agrupadas por oposições: entre as duas palavras do par ele é *a favor* de uma e *é contra* a outra: *produção/ /produto, estruturação/estrutura, romanesco/romance, sistemático/sistema, poética/poesia, iluminado/aéreo, cópia/analogia, plágio/decalque, figuração/representação, apropriação/propriedade, enunciação/enunciado, ruído/barulho, maqueta/plano, subversão/contestação, intertexto/contexto, erotização/erótico, etc.* Por vezes não se trata somente de oposições (entre duas palavras) mas de clivagens (duma única palavra). O *automóvel* é bom como transporte, mau como objecto; o *actor* salva-se se fizer parte da contra-Físis, é condenado se pertencer à pseudo-Físis; o *artífice* é apreciado se for baudelairiano (oposto de maneira franca à Natureza) e depreciado como *simili* (ao pretender mimar essa mesma Natureza). Assim, entre as palavras, dentro mesmo das palavras, passa «o gume do Valor» *(PlT, 67)*.

Palavra-cor

Quando compro tintas guio-me apenas pelos seus nomes. O nome da cor *(amarelo-indiano, vermelho-persa, verde-desmaiado)* define uma espécie de região genérica no interior da qual o efeito exacto, especial, da cor é imprevisível; o nome torna-se então a promessa dum prazer, o programa duma operação; há sempre *futuro* nos nomes cheios. Da mesma forma, quando digo que uma palavra é bela, quando a uso porque me agrada, não o faço de modo algum em virtude do seu encanto sonoro ou da originalidade do seu sentido, nem de uma combinação «poética» de ambos. A palavra empolga-me pela ideia de que vou *fazer algo com ela: é o* frémito dum fazer futuro, algo como um *apetite*. Este desejo faz estremecer todo o quadro imóvel da linguagem.

Palavra-maná

Não será forçoso haver sempre, no léxico dum autor, uma palavra cuja significação ardente, multiforme, inatingível e como que sagrada dê a ilusão de se poder com ela responder a tudo? Essa palavra não é nem excêntrica nem central; é imóvel e transportada, está à deriva, nunca é *arrumada,* é sempre atópica, (fugindo a todo e qualquer tópico), é ao mesmo tempo resto e suplemento, significante que ocupa o lugar de todo o significado. Essa palavra surgiu pouco a pouco na sua obra; foi primeiro disfarçada pela instância da Verdade (a da História), a seguir pela da Validade (a dos sistemas e das estruturas); agora, desabrocha: esta palavra-maná é a palavra «corpo».

A palavra transitiva

Como é que a palavra se torna valor? Ao nível do corpo. A teoria da palavra carnal é dada no *Michelet*: o vocabulário deste historiador, o quadro das suas palavras-valores, organiza-se por um frémito físico, o gosto ou a repugnância por certos corpos históricos. Criam-se assim, através de elos de complexidade variável, palavras «queridas», palavras «favoráveis» (no sentido mágico do termo), palavras «maravilhosas» (brilhantes e felizes). São palavras «transitivas», análogas a essas pontas de travesseiro, a essas extremidades de lençol que a criança chupa obstinadamente. Tal como para a criança, essas palavras queridas fazem parte da área do jogo; e, tal como os objectos transitivos, têm um estatuto incerto; o que põem em cena é, no fundo, uma espécie de ausência do objecto, do sentido: apesar da dureza dos seus contornos, da força da sua repetição, são palavras mal definidas, flutuantes: tentam tornar-se feitiços.

A palavra média

Ao falar não tenho a certeza de procurar a palavra certa; tento antes evitar a palavra tola. Mas, como sinto remorsos por renunciar cedo de mais à verdade, fico-me pela *palavra média.*

O natural

A ilusão do natural é permanentemente denunciada (nas *Mitologias,* no *Sistema da Moda;* até em *S/Z*, onde se diz que a denotação é convertida em Natureza da linguagem). O natural não é de forma alguma atributo da Natureza física; é o álibi ostentado por uma maioria social: o natural é uma legalidade. Daqui a necessidade crítica de fazer aparecer a lei por baixo desse natural e, usando o termo de Brecht, «por baixo da regra do abuso».

Podemos ver a origem desta crítica na situação minoritária do próprio R. B.; pertenceu sempre a uma minoria qualquer, a qualquer margem da sociedade, da linguagem, do desejo, da profissão, e até, outrora, da religião (não era indiferente ser-se protestante dentro duma classe de pequenos católicos); situação esta de modo algum severa mas que marca um pouco toda a existência social: quem não sente, como *natural,* ser em França católico, casado e bem diplomado? A mínima carência introduzida neste quadro das conformidades públicas forma uma espécie de vinco ténue daquilo a que poderia chamar-se a franja social.

Posso revoltar-me contra este «natural» de duas maneiras: protestando, como um legista, contra um direito elaborado sem mim e contra mim («*Também eu tenho o direito de...*») ou devastando a Lei maioritária por meio duma acção transgressiva de vanguarda. Mas ele parece ficar bizarramente na encruzilhada destas duas recusas: tem cumplicidades de transgressão e humores individualistas. Isto dá uma filosofia de anti-Natureza que permanece racional e o *Signo* é um objecto ideal para esta filosofia: visto que se pode denunciar e/ou celebrar a arbitrariedade que lhe é inerente; pode-se desfrutar dos códigos ao mesmo tempo que se imagina com nostalgia que eles um dia serão abolidos: como um *outsider* intermitente, posso entrar-para ou sair-de uma socialidade pesada, de acordo com a minha disposição – de inserção ou de distanciamento.

Novo/Novidade

A sua parcialidade (a escolha dos seus valores) parece-lhe produtiva quando por sorte a língua francesa lhe fornece pares de palavras ao mesmo tempo próximas e diferentes, remetendo ele uma delas para o que ama e a outra para o que não ama, como se um mesmo vocábulo varresse o campo semântico e, com um movimento lesto da sua cauda, se voltasse repentinamente (é sempre a mesma estrutura: estrutura do paradigma, que é, em suma, a do seu desejo). Assim, com *novo/novidade*(*): «novidade» é bom, é o movimento feliz do Texto: a novação é justificada historicamente em toda

(*) *Neuf/Nouveau. (N.T.)*

a sociedade ameaçada, pelo seu regime, de regressão; mas «movo» é mau: é preciso lutar com um fato novo para poder usá-lo: o novo tolhe, opõe-se ao corpo porque lhe suprime a livre acção que um certo uso lhe asseguraria: uma «novidade» que não fosse inteiramente «nova», seria esse o estado ideal das artes, dos textos, do vestuário.

O neutro

O Neutro não é uma média de activo e de passivo; antes será um vaivém, uma oscilação amoral, em resumo, e se assim se pode dizer: o contrário duma antinomia. Como valor (proveniente da região Paixão), o Neutro corresponderia à força através da qual a prática social, varre e torna irreais as antinomias escolásticas (Marx, citado em *SR*, 61: «É apenas na existência social que as *antinomias* tais como subjectivismo e objectivismo, espiritualismo e materialismo, actividade e passividade, perdem o seu carácter antinómico...»).

Figuras do Neutro: a escrita branca, isenta de qualquer teatro literário – a linguagem adâmica – a insignificância deleitável – o liso – o vazio, o sem costuras – a Prosa (categoria política descrita por Michelet) – a discrição – as férias da «pessoa», senão anulada, pelo menos tornada irreferenciável – a ausência de *imago* – a suspensão de processo, de julgamento – a deslocação – a recusa em «ostentar uma atitude»(*) (a recusa de toda a continência) – o princípio de delicadeza – a deriva – o gozo: tudo o que esquiva, ou evita ou torna irrisórios, a parada, o controlo, a intimidação.

Nada de Natureza. Num primeiro tempo tudo se reduz à luta duma *pseudo-Físis* (Doxa, natural, etc.) e uma *anti-Físis (todas as* minhas utopias pessoas): uma é odienta, a outra desejável. Todavia, e num tempo ulterior, esta mesma luta parece-lhe demasiado teatral; é então, de modo surdo, rejeitada, posta à distância pela defesa (pelo desejo) do Neutro. O Neutro não é portanto o terceiro termo – o grau zero – duma oposição a um tempo semântica e conflitual: é, *num outro elo da cadeia infinita* da *linguagem,* o segundo termo dum novo paradigma em que a violência (o combate, a vitória, o teatro, a arrogância) constitui o termo pleno.

Activo/passivo

Viril/Não viril: este par célebre que reina sobre toda a Doxa resume todos os jogos de alternância: o jogo paradigmático do sentido e o jogo sexual da parada (todo o sentido bem formado é uma parada: acasalamento e morte).

«O difícil não é libertar a sexualidade segundo um projecto mais ou menos libertário, mas sim libertar o sentido incluindo a transgressão como sentido. Vejam-se os países árabes. Aí transgridem-se com todo o à-vontade certas regras da «boa» sexualidade através duma prática bastante fácil da homossexualidade...; mas essa transgressão permanece implacavelmente submetida a um regime do sentido estrito: a homossexualidade, prática transgressiva, reproduz então desde logo em si mesma... o paradigma mais puro que imaginar se possa, o do *activo/passivo,* do *possessor/possuído,* do *escarnecedor/ /escarnecido, do crava/cravado...» (1971, 1).* Nesses países a alternativa é, portanto, pura sistemática; desconhece qualquer termo neutro, ou complexo, como se fosse impossível imaginarem-se termos extrapolares nessa relação de exclusão *(aut... aut).* Ora esta alternativa é verbalizada sobretudo por rapazes burgueses ou pequeno-burgueses que, colocados no campo da promoção, têm necessidade dum discurso ao mesmo tempo *sádico* (anal) e *claro* (recurvado sobre o sentido); querem um paradigma puro do sentido e do sexo, sem fugas, sem erros, sem transbordamento para as margens.

No entanto, mal a alternativa é recusada (mal o paradigma se torna confuso), começa a utopia: o sentido e o sexo tornam-se objecto dum jogo livre no seio do qual as formas (polissémicas) e as práticas (sensuais), libertadas da prisão binária, vão pôr-se em estado de expansão infinita. Assim poderão nascer um texto gongórico e uma sexualidade feliz.

A acomodação

Quando leio, *acomodo:* não apenas o cristalino dos meus olhos mas também o do meu intelecto, para captar o bom nível de significação (aquele que me convém). Uma linguística fina não deveria já tratar das «mensagens» (para o diabo com as «mensagens»?) mas destas acomodações, que procedem indubitavelmente por níveis e limiares: cada um de nós *encurva* o seu espírito, tal como um olho, para apreender na massa do texto *essa inteligibilidade* de que necessita para conhecer, para desfrutar, etc. Nisso a leitura é um trabalho: há um músculo que a encurva.

É só ao olhar para o infinito que o olho normal não necessita de acomodação. Assim também, se eu pudesse ler um texto *no infinito* deixaria de precisar de encurvar o que quer que fosse em mim. É o que acontece postulativamente perante o texto dito de vanguarda (não tentem nesse caso fazer a acomodação: nada perceberão).

O «numen»

Predilecção pelo dito de Baudelaire, várias vezes citado (nomeadamente a propósito do *wrestling*): «a verdade enfática do gesto nas grandes circunstâncias da vida.» Chamou ele a este excesso de pose *numen* (que é o gesto silencioso dos deuses pronunciando o destino humano). O *numen* é a histeria cristalizada, eternizada, laçada, uma vez que é finalmente mantida imóvel, encadeada por um longo olhar. Daqui o meu interesse pelas poses (desde que estejam emolduradas), pelas pinturas nobres, pelos quadros patéticos, pelos olhos erguidos para o céu, etc.

Passagem dos objectos no discurso

Diferente do «conceito» e da «noção», que são, estes, puramente ideais, o *objecto intelectual* cria-se por meio de uma espécie de pressão no significante: basta-me *levar a sério* uma forma (etimologia, derivação, metáfora) para criar para mim mesmo uma espécie de *pensamento-palavra* que vai correr, como a argola do furão, na minha linguagem. Esta palavra objecto é ao mesmo tempo *investida* (desejada) e *superficial* (servimo-nos dela, não a aprofundamos); tem uma existência ritual: dir-se-ia que em dado momento a *baptizei* com o meu signo.

É bom que, por consideração para com o leitor, pensava ele, passe de tempos a tempos pelo discurso do ensaio um objecto sensual (noutra parte, no *Werther*, passam subitamente ervilhas cozidas com manteiga, uma laranja que se descasca e de que se separam os gomos). Benefício duplo: a aparição sumptuosa duma materialidade e distorção, desvio brusco impresso ao murmúrio intelectual.

Michelet deu-lhe o exemplo: que relação haverá entre o discurso anatómico e a flor da camélia? – «O cérebro duma criança – diz Michelet – não é senão a flor leitosa da camélia.» Daí lhe vem por certo o hábito de se distrair escrevendo, com enumerações heteróclitas. Pois não haverá uma espécie de volúpia em fazer passar como um sonho odorífero, numa análise da sociológica (1962) «a cereja selvagem, a canela, a baunilha e o Xerez, o chá do Canadá, a lavanda, a banana»; em repousar do peso duma demonstração semântica pela visão das «asas, caudas, cumes, penachos, cabelos, lenços, fumos, balões, folhos, cintos e véus» com que Erté forma as letras do seu alfabeto (*Er*, 68) – ou ainda em inserir numa revisa de sociologia «as calças de brocado, os casacos-reposteiro, as longas camisas de noite brancas com que se vestem os Hippys» *(1969)?* Não bastará fazer passar no discurso crítico «um anel azulado de fumo» para que isso nos dê coragem para muito simplesmente... *o recopiarmos?*

(Assim, por vezes, se abre bruscamente nos haikus do Japão a linha das palavras escritas e é o próprio desenho do monte Fuji ou duma sardinha o que vem tranquilamente ocupar o lugar da palavra dispensada.)

Odores

Em Proust, há três sentidos em cinco que guiam a evocação. Mas, para mim, com excepção da voz – menos sonora do que, no fundo, *perfumada* pelo seu timbre –, a recordação, o desejo, a morte, o regresso impossível não estão desse lado; o meu corpo não vai na história da madalena, dos pavimentos, e das toalhas de Balbec. Daquilo que já não voltará, o que me chega é o odor. Como acontece com o odor da minha infância baionesa:

como o mundo rodeado pela *mândala,* assim também toda a Bayonne se encontra condensada num cheiro compósito, o do Petit-Bayonne (bairro entre o Nive e o Adour): a corda trabalhada pelos fabricantes de sandálias, a mercearia obscura, a cera das madeiras antigas, as caixas de escada sem arejamento, o negro das velhas bascas, negras até à cúpula de tecido que lhes segura o puxo, o azeite espanhol, a humidade dos artesanatos e das pequenas lojas (encadernadores, quinquilheiros), a poeira do papel da biblioteca municipal (onde aprendi a sexualidade com Suétona e Marcial), a cola dos pianos que se reparavam no Bossière, algum eflúvio de chocolate, produto da cidade, tudo isto consistente, histórico, provinciano e meridional. *(Ditado.)*

(Lembro-me doidamente dos cheiros: é porque estou a envelhecer.)

Da escrita à obra

Armadilha da enfatuação: fazer crer que está de acordo em considerar o que escreveu como uma «obra», passar duma contingência de escritos à transcendência dum produto unitário, sagrado. Já a palavra «obra» é imaginária.

A contradição está, na verdade, entre a escrita e a obra. (O Texto, este, é uma palavra magnânima: não toma em consideração esta diferença.) Desfruto continuamente, sem fim, sem termo, da escrita como de uma produção perpétua, uma dispersão incondicional, uma energia de sedução que nenhuma defesa legal do sujeito que lanço na página poderá jamais deter. Mas na nossa sociedade mercantil tem de se chegar a ter uma «obra»: é preciso construir, ou seja, *terminar,* uma mercadoria. Enquanto escrevo, a escrita é assim constantemente achatada, banalizada, culpabilizada pela obra para a qual se torna forçoso concorrer. Como escrever por entre todas as armadilhas que me são postas pela imagem colectiva da obra? – Pois bem, *cegamente*. A cada momento do trabalho, perdido, aflito e pressionado, apenas consigo dizer para comigo a palavra com que Sartre termina o *Huis Clos*: *continuemos*.

A escrita é esse *jogo* através do qual eu me viro como posso num espaço estreito: estou entalado, estrebucho entre a histeria necessária para escrever e o imaginário, que vigia, enaltece, purifica, banaliza, codifica, corrige, impõe a visada (e a visão) duma comunicação social. Por um lado quero que me desejem e, por outro, que não me desejem: histérico e obsessivo ao mesmo tempo.

E, no entanto, quanto mais me dirijo para a obra mais desço na escrita; aproximo-me do seu fundo insustentável, um deserto descobre-se; verifica-se, fatal, desgarradora, uma espécie de *perda de simpatia:* já não me sinto simpático (para os outros, para mim mesmo). É neste ponto de contacto entre a escrita e a obra que me aparece a dura verdade: *já não sou uma criança*. Ou será a ascese do gozo que estou a descobrir?

«Sabe-se»

Uma impressão aparentemente expletiva *(«sabe-se, é sabido que...»)* é colocada à cabeça de certos desenvolvimentos: relaciona a proposição donde vai partir com a opinião corrente, com o saber comum: incumbe-se de reagir contra uma banalidade. E frequentemente aquilo que tem de evitar não é a banalidade da opinião corrente, mas sim a sua própria; o discurso que primeiro lhe ocorre é banal e é apenas lutando contra esta banalidade original que pouco a pouco vai escrevendo. Deverá ele descrever a sua situação num bar de Tânger? Aquilo que primeiro encontra para dizer é haver, lá, sede duma «linguagem interior»: grande descoberta essa! Tenta então desembaraçar-se desta banalidade pegajosa procurando nela uma partícula de ideia com a qual tenha alguma relação de desejo: a Frase! Uma vez nomeado este objecto, tudo está salvo; seja o que for que escreva (não é uma questão de proeza) passará a ser sempre um discurso investido em que o corpo fará a sua aparição (a banalidade é o discurso sem corpo).

Em suma, aquilo que ele escreve seria proveniente duma banalidade *corrigida*.

Opacidade e transparência

Princípio de explicação: esta obra situa-se entre dois termos: – no termo original há a opacidade das relações sociais. Esta opacidade revelou-se imediatamente sob a forma oprimente do estereótipo (as figuras obrigatórias da redacção escolar, os romances comunistas, n'O *Grau Zero* da *Escrita)*. Seguidamente, uma miríade de outras formas da Doxa; – no termo final (utópico) há a transparência: o sentimento terno, o voto, o suspiro, o desejo dum repouso, como se a consistência da interlocução social pudesse um dia esclarecer-se, aliviar-se, ser iluminada até à invisibilidade.

1. A divisão social produz uma opacidade (paradoxo aparente: onde há uma grande divisão social tudo parece opaco e maciço).

2. Contra esta opacidade, o indivíduo debate-se de todas as formas que lhe são possíveis.

3. Todavia, se for ele próprio um tema de linguagem, o seu combate não pode ter directamente uma saída política, pois isso seria reencontrar a opacidade dos es-

tereótipos. Este combate adquire portanto o movimento dum apocalipse: partilha ao máximo, exaspera todo um jogo de valores, e ao mesmo tempo vive utopicamente – poderíamos dizer que *respira:* transparência final das relações sociais.

A antítese

A antítese, sendo a figura da oposição, a forma exasperada do binarismo, é verdadeiramente o espectáculo do sentido. Sai-se dele quer pelo neutro, quer pela fuga para o real (o confidente raciniano quer abolir a antítese trágica, *SR*, 1), quer pelo suplemento (Balzac suplementa a antítese sarrasiniana, *S/Z*, 33), quer ainda pela invenção dum terceiro termo (a deportação).

No entanto ele próprio recorre facilmente à antítese (por exemplo: «A liberdade na vitrina, a título decorativo, mas a ordem em casa, a título constitutivo», My, 133). Mais uma contradição? – Sim, e que terá sempre a mesma explicação: a antítese é *um roubo de linguagem:* tiro a violência ao discurso corrente em proveito da minha própria violência, *do sentido-para-mim.*

A defecção das origens

O seu trabalho não é anti-histórico (pelo menos assim o deseja ele), mas sempre e obstinadamente anti-genético, pois a Origem é uma figura perniciosa da Natureza (da Físis): através dum abuso interessado, a Doxa «esmaga» simultaneamente Origem e Verdade a fim de fazer delas uma única prova, abastecendo-se elas mutuamente segundo um cómodo torniquete: não serão as ciências humanas *etimológicas,* procurando o *etymon* (origem e verdade) de todos os factos?

A fim de evitar a Origem, ele «culturaliza» primeiro a fundo a Natureza: nenhum natural em parte alguma. apenas o que é histórico; a seguir (convicto, com Benveniste, de que toda a cultura· não é senão linguagem), volta a pôr essa cultura no movimento infinito das discursos, montados uns em cima dos outros (e não engendrados) como na jogo da mão quente.

Oscilação do valor

Por um lado, o Valor reina, decide, separa, põe o bem dum lado e o mal do outro (o *novo/novidade,* a *estrutura/estruturação,* etc.): o mundo significa fortemente, uma vez que tudo é apanhado no paradigma do prazer e do desprazer.

Por outro lado, toda a oposição é suspeita, o sentido cansa-o, quer descansar dele. O Valor, que tudo armava, é desarmado, é absorvido numa utopia: não mais oposições, não mais sentido, não mais Valor, mesmo, e esta abolição não deixa resto.

O Valor (e com ele o sentido) oscila deste modo sem cessar, Toda a obra coxeia entre uma aparência de maniqueísmo (quando o sentido é forte) e uma aparência de pirronismo (quando se deseja a sua isenção daquele).

Paradoxa

(Correcção do Paradoxo.)

Reina um fraccionismo intenso no campo intelectual: opomo-nos, termo a termo, ao que está mais perto, mas ficamos dentro do mesmo «reportório»: em neuropsicologia animal, o reportório é o conjunto dos objectivos em função dos quais o animal age: porquê pôr à ratazana problemas de homem uma vez que o seu «reportório» é o duma ratazana? Por que motivo fazer ao pintor de vanguarda perguntas de professor? Quanto à prática paradoxal, esta desenvolve-se num reportório ligeiramente diferente, que é antes o do escritor: não nos opomos a valores *nomeados,* fraccionados; caminhamos ao longo destes valores, fugimos ou esquivamo-nos a eles: *seguimos pela tangente;* não se trata verdadeiramente duma contramarcha (ainda que seja uma palavra cómoda de Fourier), o que tememos é cair na oposição, na agressão, ou seja, no *sentido* (uma vez que o sentido nunca é senão desencadear de um contra-termo), ou seja, ainda: nessa solidariedade semântica que une os simples contrários.

O leve motor da paranóia

Discreto, muito discreto motor da paranóia: quando escreve (se calhar escrevem todos assim), ele ataca à distância qualquer coisa, alguém que não é nomeado (que só ele poderia nomear). Que moção *vingativa* teria estado na origem de determinada frase – todavia genérica, tranquila? Não há escrita que não seja, aqui e além, sonsa. O móbil está apagado, mas permanece o efeito: esta subtracção define o discurso estético.

Falar/beijar

Segundo uma hipótese de Leroi-Gourhan, terá sido depois de libertar os seus membros anteriores da marcha (e portanto a boca da predação) que o homem terá podido falar. Eu acrescento: *e beijar.* Pois o aparelho fonador é também o aparelho oscular. Ao passar à posição de pé, o homem ficou livre para inventar a linguagem e o amor: talvez tenha sido o nascimento antropológico duma dupla perversão concomitante: a palavra e o beijo. De acordo com isso, quanto mais os homens se sentiram livres (pela boca) tanto mais falaram e beijaram; e, logicamente, quando, através do progresso, os homens ficarem libertos de todas as tarefas manuais, não farão outra coisa senão discorrer e beijar-se.

Imaginemos para esta dupla função, localizada no mesmo sítio, uma transgressão única, que nasceria duma utilização simultânea da palavra e do beijo: *falar beijando, beijar falando*. Teremos de acreditar que esta volúpia existe, uma vez que os amantes não param de «beber as palavras nos lábios amados». Aquilo que assim experimentam é, na luta amorosa, o jogo do sentido que irrompe e se interrompe: a função que se perturba: numa palavra: *o corpo balbuciante*.

Os corpos que passam

«Certa tarde, meio adormecido num banco de bar...» (*PlT*, 79). Eis portanto o que eu estava a fazer nessa «boîte» de Tânger: dormia um bocado Ora, a «boîte» é tida, pela pequena sociologia das cidades, como local de vigília e de acção (trata-se de falar, de comunicar, de encontrar, etc.); aqui, pelo contrário, a «boîte» é um local de semi-ausência. Neste espaço não faltam corpos, estão até muito próximos, e isso é o importante; mas estes corpos, anónimos, animados por débeis movimentos, deixam-me num estado de ociosidade, de irresponsabilidade e de flutuação: toda a gente está ali e ninguém me pede seja o que for, fico a ganhar em todos os sectores: na «boîte» o corpo do outro nunca se transforma em «pessoa» (civil, psicológica, social, etc.): propõe-me a sua deambulação e não a sua interlocução. A «boîte», como se fosse uma droga especialmente preparada para a minha organização, pode então tornar-se o local de trabalho das minhas frases: não sonho, fraseio: é o corpo olhado e já não o corpo ouvido que adquire uma função *fática* (de contacto), agora, entre a produção da minha linguagem e o desejo flutuante com que essa produção se alimenta, uma relação de vigília e não de mensagem. A «boîte» é, em suma, um local neutro: é a utopia do terceiro termo, a deriva para longe do par demasiado puro: *falar/calar-se.*

No comboio tenho ideias: as pessoas circulam à minha volta e os corpos que passam agem como facilitadores. No avião, é o contrário: estou imóvel, encolhido, cego; o meu corpo – e portanto o meu intelecto – está morto: só tenho ao meu dispor a passagem do corpo envernizado e ausente da hospedeira, que circula como mãe indiferente entre os berços duma creche.

O jogo, o pastiche

Entre as numerosas ilusões que ele conserva sobre si mesmo há esta, tenaz: que gosta de *jogar* e que portanto tem poder para isso; ora nunca fez um pastiche (pelo menos voluntariamente) excepto quando estava no liceu (sobre o *Criton, 1974)* ainda que tenha tido muitas vezes vontade de o fazer. Talvez haja uma razão teórica para isto: se se trata de *evitar* o assunto, *jogar*(*) é um método ilusório e tem mesmo um efeito oposto àquele que procura: o assunto dum jogo torna-se mais consistente do que nunca; o verdadeiro jogo não consiste em mascarar o assunto mas sim em mascarar o próprio jogo.

(*) «Déjouer» e «jouer». (*N.T.*)

«Patch-work»

Comentar-me? Que maçada! Não tinha outra solução senão *reescrever-me* – de longe, de muito longe – e acrescentar agora aos livros, aos temas, às recordações, aos textos, uma outra enunciação, sem nunca chegar a saber se é do meu passado ou do meu presente que estou a falar. Lanço deste modo sobre a obra escrita, sobre o corpo e o corpus passados, uma espécie de *patch-work,* uma manta rapsódica feita de quadrados cosidos, que mal afloro. Longe de aprofundar, fico à superfície, pois trata-se desta vez de «mim» (do Eu) e a profundidade cabe aos outros.

A cor

A opinião corrente quer sempre que a sexualidade seja agressiva. Por isso não se encontra em nenhum escrito a ideia duma sexualidade feliz, doce, sensual, jubilatória. Então, onde lê-la? Na pintura, ou melhor ainda: na cor. Se eu fosse pintor só pintaria cores: este campo parece-me igualmente liberto da Lei (nenhuma Imitação, nenhuma Analogia) e da Natureza (pois não provirão todas as cores, em suma, da Natureza dos pintores?).

A pessoa dividida?

Para a metafísica clássica, não havia qualquer inconveniente em «dividir» a pessoa (Racine: «Tenho em mim dois homens»); muito pelo contrário, a pessoa, provida de dois termos opostos, funcionava como um bom paradigma *(alto/baixo, carne/espírito, céu/terra);* as partes em luta reconciliavam-se na fundamentação dum sentido: o sentido do Homem. Por isso, quando falamos hoje em dia dum indivíduo dividido não é de modo nenhum para reconhecermos as suas contradições simples, as suas postulações duplas, etc.; o que se pretende atingir é uma *difracção,* uma fragmentação em cuja esteira já não há núcleo principal nem estrutura de sentido: não sou contraditório, sou disperso.

Como é que você explica, como é que tolera essas contradições? Filosoficamente, parece ser materialista (se é que esta palavra não soa muito a velho); eticamente, você divide-se: quanto ao corpo, é hedonista; quanto à violência, talvez seja antes budista! Não gosta da fé mas sente uma certa nostalgia dos ritos, etc. Você é uma miscelânea de reacções: haverá em si alguma coisa *primeira?*

Qualquer classificação que você leia dá-lhe logo vontade de se encaixar nela: onde é o seu lugar? Julga primeiro que o encontrou: mas, pouco a pouco, como uma estátua que se desagrega, ou um relevo que se desgasta, se estira e perde a forma, ou melhor ainda, como Harpo Marx ao perder a barba postiça por acção da água que está a beber, deixa de ser classificável, não por excesso de personalidade mas, pelo contrário, porque percorre todas as faixas do espectro: reúne em si traços pretensamente distintivos, que portanto já nada distinguem; descobre que é ao mesmo tempo (ou alternadamente) obsessivo, histérico, paranóico, e além disso perverso (sem falar das psicoses amorosas), ou que adiciona todas as filosofias decadentes: o epicurismo, o eudemonismo, o asiatismo, o maniqueísmo, o pirronismo.

«*Tudo se fez em* nós *porque nós somos nós, sempre nós e nem por um minuto* os *mesmos.*» (Diderot, *Refutação de Helvetius.)*

Partitivo

Pequeno-burguês: Este predicado pode vir colar-se a qualquer sujeito; ninguém está protegido contra este mal (é normal, toda a cultura francesa, muito para além dos livros, passa por aí): no operário, no quadro, no professor, no estudante contestatário, no militante, nos meus amigos X. e Y. e em mim, evidentemente, há *pequeno-burguesia:* é um massivo-partitivo. Ora, há outro objecto da linguagem que apresenta o mesmo carácter móvel e pânico, que figura no discurso teórico como um puro partitivo: é o Texto. Não posso dizer que uma determinada obra é um Texto mas apenas que nela *há Texto. Texto e pequeno-burguês* formam assim uma mesma substância universal, aqui nociva, além exaltante; têm a mesma função discursiva: a dum operador universal do valor.

Bataille, o medo

Bataille, em suma, diz-me pouco: que tenho eu a ver com o riso, a devoção, a poesia, a violência? Que tenho eu a dizer sobre o «sagrado», o «impossível»?

Basta, no entanto, que eu faça coincidir toda esta linguagem (estranha) com uma perturbação que em mim toma o nome de *medo,* para que Bataille me reconquiste: tudo o que ele descreve passa nessa altura a descrever-me: adere.

Fases

INTERTEXTO	GÉNERO	OBRAS
(Gide)	(vontade de escrever)	
Sartre Marx Brecht	mitologia social	*O Grau Zero* *Escritos sobre Teatro* *Mitologias*
Saussure	semiologia	*Elementos de Semiologia* *Sistema da Moda*
Sollers Julia Kristeva Derrida Lacan	textualidade	*S/Z* *Sade, Fourier, Loyola* *O Império dos Signos*
(Nietzsche)	moralidade	*O Prazer do Texto* *R. B. por Si Próprio*

Observações:

1. O intertexto não é forçosamente um campo de influências; será antes uma música de figuras, de metáforas, de pensamentos-palavras; é o significante como *sereia.*

2. *Moralidade* deve entender-se como sendo precisamente o contrário da moral (é o pensamento do corpo em estado de linguagem).

3. Primeiro *intervenções* (mitológicas) e depois *ficções* (semiológicas), a seguir estilhaços, fragmentos, *frases.*

4. Há evidentemente, entre os períodos, sobreposições, regressos, afinidades, sobrevivências; são geralmente os artigos (de revista) que desempenham esse papel conjuntivo.

5. Cada fase é reactiva: o autor reage quer ao discurso que o rodeia quer ao seu próprio discurso, quando um ou outro começam a ser excessivamente consistentes.

6. Tal como um prego expulsa outro, segundo dizem, assim uma perversão expulsa uma neurose: à obsessão

A moda estruturalista

A moda atinge o corpo. Pela moda, retomo o texto como farsa, como caricatura. Uma espécie de «isso» colectivo substituindo-se à imagem que julgava ter de mim próprio, e eu sou «isso».

política e moral sucede-se um pequeno delírio científico que irá por seu turno libertar o gozo perverso (com fundo feiticista).

7. O recorte dum tempo, duma obra em fases de evolução – embora se trate duma operação imaginária –, permite entrar no jogo da comunicação intelectual: tornamo-nos *inteligíveis*.

Efeito benéfico duma frase

X. contou-me certo dia que decidiu «exonerar da sua vida os amores infelizes» e que esta *frase* lhe pareceu tão bem feita que isso quase bastou para compensar os fracassos que a tinham motivado; então comprometeu-se (e comprometeu-me) a aproveitar melhor essa *reserva de ironia* que está na linguagem (estética).

O texto político

O político é, subjectivamente, uma fonte permanente de aborrecimento e/ou de prazer; é, além disso e *de facto* (isto é, a despeito das arrogâncias do sujeito político), um espaço obstinadamente polissémico, a sede privilegiada duma interpretação perpétua (uma interpretação, se for suficientemente sistemática, nunca será desmentida, até ao infinito). Poderíamos concluir a partir destas duas constatações que o Político é *textual puro*: uma forma exorbitante, exasperada, do Texto, uma forma inaudita que, pelos seus extravasamentos e pelas suas máscaras, talvez ultrapasse a nossa compreensão actual do Texto. E, tendo Sade produzido o mais puro dos textos, julgo compreender que o Político me agrada como texto *sadiano* e me desagrada como texto *sádico*.

O alfabeto

Tentação do alfabeto: adoptarmos a sucessão das letras para encadear fragmentos é remetermo-nos ao que faz a glória da linguagem (e que fazia o desespero de Saussure): uma ordem imotivada (fora de toda a imitação) que não seja arbitrária (pois toda a gente a conhece, a reconhece e se entende quanto a ela). O alfabeto é eufórico: acabou a angústia do «plano», a ênfase do «desenvolvimento», as lógicas retorcidas, acabaram as dissertações! Uma ideia por fragmento, um fragmento por ideia e, para a sucessão destes átomos, nada a não ser a ordem milenária e louca das letras francesas (que são, elas, objectos insensatos – privadas de sentido).

Ele não define uma palavra: nomeia um fragmento; faz precisamente o inverso dum dicionário: a palavra sai do enunciado em vez de ser o enunciado a derivar da palavra. Do glossário, apenas retenho o seu princípio mais formal: a ordem das suas unidades. Esta ordem pode no entanto ser maliciosa: provoca por vezes efeitos de sentido; e se estes efeitos não são desejados é preciso quebrar o alfabeto em proveito duma regra superior: a da rotura (da heterologia): impedir que um sentido «ganhe presa».

A ordem de que já não me lembro

Ele lembra-se mais ou menos da ordem pela qual escreveu estes fragmentos; mas donde provinha esta ordem? Em função de que classificação, de que sucessão? Já não se lembra. A ordem alfabética apaga tudo, repele qualquer origem. Talvez que, em certos pontos, alguns fragmentos pareçam suceder-se por afinidade; mas o importante é que esses pequenos conjuntos de conexões não se interliguem, não se convertam num único e grande conjunto que seria a estrutura do livro, o seu sentido. É para deter, desviar, dividir essa descida do discurso para um destino do assunto que em certos momentos o alfabeto nos chama à ordem (da desordem) e nos diz: *Corte! Retome a história duma outra maneira* (mas também é preciso, por vezes e pela mesma razão, quebrar o alfabeto).

A obra como poligrafia

Imagino uma crítica anti-estrutural; esta não procuraria a ordem mas sim a desordem da obra; bastar-lhe-ia para tal considerar toda a obra como uma enciclopédia: não poderá cada texto ser definido pelo número de objectas díspares (em saber, em sensualidade) que põe em cena com o auxílio de meras figuras de contiguidade (metonímias e assíndetos)? Como enciclopédia, a obra extenua uma lista de objectos heteróclitos e esta lista é a anti-estrutura da obra, a sua obscura e louca poligrafia.

A linguagem-sacerdote

No que diz respeito aos ritos, será assim tão desagradável ser padre? Quanto à fé, qual o indivíduo humano que pode predizer que ela não virá um dia a estar conforme dom a sua economia do «crer» – nisto ou naquilo? Na linguagem é que isso não seria possível: linguagem-sacerdote? Impossível.

O discurso previsível

Maçada dos discursos previsíveis. A previsibilidade é uma categoria estrutural, pois é possível fornecer os modos de expectativa ou encontro (em suma: de suspense) de que a linguagem é palco (fizeram-na para a narrativa); seria portanto possível basear uma tipologia dos discursos no seu grau de previsibilidade. *Texto dos Mortos:* texto Titânico em que não se pode alterar uma palavra.

Ontem à noite, depois de ter escrito isto: no restaurante, na mesa vizinha, dois indivíduos conversam, em voz não elevada mas bem marcada, bem treinada, bem timbrada, como se se tivessem preparado numa escola de dicção para se fazerem ouvir pelos vizinhos nos locais públicos: tudo quanto dizem, frase por frase (sobre alguns nomes de amigos, sobre o último filme de Pasolini), tudo está perfeitamente conforme e previsto: nem uma só falha no sistema endoxal. Concordância desta voz, que não escolhe pessoa, com a Doxa inexorável: é a jactância!

Projectos de livros

(Estas ideias são de diferentes épocas): *Diário de Desejo* (o quotidiano do desejo, no campo da realidade). *A Frase (ideologia e erótica da frase). A Nossa França* (novelas mitológicas da França dos nossos dias; ou melhor: serei eu feliz/infeliz por ser francês?). *O Amador* (consignar o que me acontece quando pinto). *Linguística da Intimidação* (do Valor, da guerra, dos sentidos). *Mil Fantasmas* (escrever os fantasmas, não os sonhos). *Etologia dos Intelectuais* (tão importante como os costumes das formigas). *O Discurso da Homossexualidade* (ou: os discursos da homossexualidade; ou ainda: o discurso das homossexualidades). Uma *Enciclopédia da Alimentação* (dietética, história, economia, geografia e sobretudo *simbólica).* Uma *Vida dos Homens Ilustres* (ler muitas biografias e nelas recolher traços, biografemas, tal como foi feito com Sade e Fourier). Uma *Recolha de Estereótipos Visuais* («Vi um magrebino vestido de escuro, com o *Monde* debaixo do braço, assediando uma rapariga loira sentada num café»). *O Livro/A Vida* (pegar num livro clássico e a ele referir tudo da vida, durante um ano). Incidentes (mini-textos, comentários, haikus, anotações, jogos de sentido, tudo o que cai coma uma folha), etc.

Relação com a psicanálise

A relação dele com a psicanálise não é escrupulosa (sem que ele possa todavia enaltecer-se por qualquer contestação ou qualquer recusa). É uma relação *indecisa.*

Psicanálise e psicologia

Para que a psicanálise possa falar, tem de se apoderar de um discurso que seja outro, de um discurso um pouco desajeitado que não é ainda psicanalítico. Esse discurso distante, esse discurso *atrasado* – envolvido em cultura antiga e em retórica – é neste caso, por placas, o discurso psicológico. A função da psicologia seria, em suma. oferecer-se como um bom objecto para a psicanálise.

(Complacência com aquilo que tem presa sobre nós; assim, tinha eu no Liceu Louis-le-Grand um professor de História que, precisando de vaias, como de uma droga quotidiana, oferecia obstinadamente aos alunos uma infinidade de oportunidades de fazerem burburinho: erros, ingenuidades, palavras de sentido duplo, posturas ambíguas, e até a tristeza com que revestia todas estas atitudes secretamente provocadoras; o que fazia que os alunos, tendo-o compreendido, se abstivessem em certos dias, sadicamente, de o vaiar.)

«Que quer isso dizer?»

Paixão constante (e ilusória) de apor a todos os factos, até aos mais pequenos, não a pergunta da criança: *porquê?* mas a pergunta do antigo grego, a pergunta sobre o sentido, como se todas as coisas fremissem com sentido: *que quer isso dizer?* É preciso transformar a todo o custo o facto em ideia, em descrição, em interpretação, em resumo, encontrar para ele um *nome diferente do seu.* Esta mania não faz acepção da futilidade: por exemplo, se eu verificar – e apresso-me a verificá-lo que quando estou no campo gosto de mijar no jardim e não noutro sítio, pretendo logo saber *o que isso significa.* Esta fúria de fazer significar os factos mais simples marca socialmente o indivíduo como um vício: *Não se deve soltar a cadeia dos nomes, não se deve desencadear a linguagem.* O excesso de nominação é sempre ridicularizado (Sr. Jourdain, *Bouvard e Pécuchet*).

(Mesmo aqui, com excepção das *Anamneses,* cujo preço é precisamente esse, nada é relatado que não se faça significar; não se ousa deixar o facto num estado de insignificância; é o movimento da fábula que de todos os fragmentos de real extrai uma lição, um sentido. Pode conceber-se um livro inverso: que relatasse mil «incidentes» sem nunca se permitir extrair uma linha sequer de sentido; seria muito precisamente um livro de *haikus.*)

Que raciocínio?

O Japão é um valor positivo, a tagarelice um valor negativo. Ora os japoneses tagarelam. Não faz mal:

bastará dizer-se que essa tagarelice não é negativa «é o corpo inteiro... que mantém connosco uma espécie de tagarelice à qual o perfeito domínio dos códigos tira qualquer carácter regressivo, infantil» (*EpS*, 20) – R. B. faz precisamente o mesmo que atribui a Michelet: «Existe efectivamente um certo tipo de causalidade micheletista, mas esta causalidade conserva-se prudentemente relegada para as regiões improváveis da moralidade. São «necessidades» de ordem moral, postulados perfeitamente psicológicos...: *é preciso* que a Grécia não tenha sido homossexual, uma vez que é toda luz, etc.» *(Mi,* 33). *É preciso* que a tagarelice japonesa não seja regressiva, uma vez que os japoneses são amáveis.

O «raciocínio» é constituído, em suma, por um encadeamento de metáforas: ele agarra um fenómeno (a conotação, a letra Z) e submete-o a uma avalancha de pontos de vista; o que serve de argumentação é o desdobrar duma imagem; Michelet «come» a História: portanto «pasta»: portanto «caminha» nela, etc.: tudo o que acontece a um animal pastando será deste modo aplicado a Michelet: a aplicação metafórica desempenhará o papel duma explicação.

Pode considerar-se «poético» (sem juízo de valor) todo o discurso em que a palavra conduz à ideia: se amarmos as palavras ao ponto de sucumbirmos a elas, retiramo-nos da lei do significado, da escrevinhação. Trata-se, literalmente, dum discurso *onírico* (o nosso sonho apanha as palavras que lhe passam debaixo do nariz e faz com elas uma história). O meu próprio corpo (e não só as minhas ideias) pode *fazer-se* às palavras, ser de certo modo criado por elas: certo dia descubro na minha língua uma placa vermelha que se assemelha a uma escoriação (ainda por cima indolor, o que condiz, segundo creio, com o cancro). Mas, visto de perto, esse sinal não é senão uma ligeira descamação da película esbranquiçada que cobre a língua. Não posso jurar que toda esta pequena encenação obsessiva não tenha sido montada para poder usar essa palavra rara, saborosa à força de ser exacta: uma *escoriação*.

A recessão

Há em tudo isto riscos de recessão: o indivíduo fala de si mesmo (risco de psicologismo; risco de enfatuação), enuncia por fragmentos (risco de aforismo, risco de arrogância).

Este livro é feito com o que eu não conheço: o inconsciente e a ideologia, coisas que só se falam pela voz dos outros. Não posso pôr em cena (em texto), como tais, o simbólico e o ideológico que por mim perpassam, uma vez que sou a sua mancha cega (aquilo que realmente me pertence é o *meu* imaginário, a *minha* fantasmática: daí este livro). Não posso por conseguinte usar a psicanálise e a crítica política a não ser à maneira de Orfeu: sem me virar, sem olhar para elas, sem as declarar (ou muito pouco: o bastante para tornar a pôr a minha interpretação, mais uma vez, no trajecto do imaginário). O título desta colecção *(X. por* si *próprio)* tem um alcance analítico: *eu por mim?* Mas isso é precisamente o programa do imaginário! Como é que os raios do espelho reverberam, ressoam em mim? Para além desta zona de difracção, a única sobre a qual posso lançar um olhar, sem que no entanto possa esquecer aquele que precisamente dela vai falar – há a realidade e há ainda o simbólico. Quanto a este, não tenho qualquer responsabilidade (já tenho bastante que fazer com o meu imaginário): para o Outro, para o «transfert», portanto... para o *leitor!*

E tudo isto se processa, como se torna neste caso perfeitamente evidente, através da Mãe, presente ao lado do Espelho.

O reflexo estrutural

Assim como o desportista se regozija pelos seus bons reflexos, também o semiólogo gosta de apreender rapidamente o funcionamento dum paradigma. Ao ler o *Moisés* de Freud, ele regozija-se por surpreender o puro mecanismo do sentido; o gozo é tanto maior quanto aqui a oposição de duas simples letras é o que conduz, progressivamente, à oposição de duas religiões: *Amon/ /Atou:* toda a história do judaísmo na passagem do «m» para o «t».

(O reflexo estrutural consiste em fazer *recuar,* durante tanto tempo quanto possível, a pura diferença até ao extremo dum tronco comum: que o sentido irrompa, puro e seco, *in extremis;* que a vitória sobre o sentido seja obtida no último instante, como num bom «thriller».)

O reino e o triunfo

No pandemónio dos discursos sociais, dos grandes «sociolectos», temos de distinguir entre duas variedades de arrogância, dois modos monstruosos de dominação retórica: o *Reino e o Triunfo.* A Doxa não é triunfalista: contenta-se com reinar; difunde, empesta; é uma dominância legal, natural; é uma toalha geral, estendida com a bênção do Poder; é um discurso universal, um modo da jactância que se encontra já saciado pelo simples facto de «manter» um discurso (sobre alguma coisa): daí a afinidade de natureza existente entre o discurso endoxal e a radiofonia: na morte de Pompidou, durante três dias viu-se como a coisa *escorria, se difundia.* Pelo contrário, na linguagem militante, revolucionária ou religiosa (do tempo em que a religião militava), é uma linguagem triunfante: cada acto do discurso é um triunfo à maneira antiga: fazem-se desfilar os vencedores e os inimigos desbaratados. Seria possível medir o modo de autoconfiança dos regimes e precisar a sua evolução consoante se encontrassem (ainda) no Triunfo ou estivessem (já) no Reino. Seria preciso estudar como, em que ritmo, de acordo com que figuras o triunfalismo revolucionário de 1973 se foi pouco a pouco acalmando, difundindo, como é que «ganhou presa» e passou ao estado de Reino (da palavra burguesa).

Abolição do reino dos valores

Contradição: todo um longo texto sobre o valor, sobre uma afectação permanente de avaliação – o que acarreta uma actividade ao mesmo tempo ética e semântica –, e ao mesmo tempo, *e precisamente por esse motivo,* uma energia equivalente para sonhar com uma «abolição sem resto do reino dos valores» (o que era, segundo dizem, o propósito do *Zen*).

O que é que limita a representação?

Brecht mandava pôr roupa molhada no cesto da actriz para que a anca desta tivesse o movimento certo, o da lavadeira alienada. Está muito bem; mas é também estúpido, não será? Porque o que pesa no cesto não é a roupa, é o tempo, é a história, e esse peso, como *representá-lo?* Impossível representar o político: resiste a toda a cópia, por muito que nos esforcemos por tornÃ¡-la cada vez mais verosÃmil. Contrariamente Ã crenÃ§a inveterada de todas as artes socialistas, onde comeÃ§a o polÃtico cessa a imitaÃ§Ã£o.

A repercussÃ£o

Toda a palavra que se lhe refere repercute nele atÃ© ao extremo e Ã© esta repercussÃ£o que ele teme, ao ponto de fugir receosamente a todo o discurso que sobre ele se poderia pronunciar. A palavra dos outros, elogiosa ou nÃ£o, estÃ¡ inquinada na origem pela repercussÃ£o que corre o risco de ser. SÃ³ ele, porque conhece o seu ponto de partida, pode medir o esforÃ§o que tem de fazer para ler um texto que fale de si. A ligaÃ§Ã£o com o mundo Ã© deste modo sempre conquistada a partir dum medo.

Conseguido/falhado

Relendo-se, julga aperceber na prÃ³pria textura de cada escrito uma clivagem singular: a do *conseguido/ /falhado:* por baforadas, sÃ£o expressÃµes felizes, sÃ£o praias tranquilas e, depois, pÃ¢ntanos, escÃ³rias, que comeÃ§ou mesmo a inventariar. O quÃª, nenhum livro continuamente conseguido? â Por certo o livro sobre o JapÃ£o. Ã sexualidade feliz correspondeu muito naturalmente a felicidade contÃnua, efusiva, jubilatÃ³ria, da escrita: *naquilo que ele escreveu, todos defendem a sua sexualidade.*

HÃ¡ uma terceira categoria possÃvel: nem conseguido, nem falhado: *vergonhoso:* marcado pela flor-de-lis do imaginÃ¡rio.

EPREUVES ECRITES

COMPOSITION FRANÇAISE *

DURÉE : 6 heures

« Le style est presque au-delà [de la Littérature] : des images, un débit, un lexique naissent du corps et du passé de l'écrivain et deviennent peu à peu les automatismes mêmes de son art. Ainsi sous le nom de style, se forme un langage autarcique qui ne plonge que dans la mythologie personnelle et secrète de l'auteur... où se forme le premier couple des mots et des choses, où s'installent une fois pour toutes les grands thèmes verbaux de son existence. Quel que soit son raffinement, le style a toujours quelque chose de brut : il est une forme sans destination, il est le produit d'une poussée, non d'une intention, il est comme une dimension verticale et solitaire de la pensée. [...] Le style est proprement un phénomène d'ordre germinatif, il est la transmutation d'une humeur. [...] Le miracle de cette transmutation fait du style une sorte d'opération supralittéraire, qui emporte l'homme au seuil de la puissance et de la magie. Par son origine biologique, le style se situe hors de l'art, c'est-à-dire hors du pacte qui lie l'écrivain à la société. On peut donc imaginer des auteurs qui préfèrent la sécurité de l'art à la solitude du style. »

R. BARTHES, *Le degré zéro de l'écriture*, chap. I.

Par une analyse de ce texte, vous dégagerez la conception du style que propose R. Barthes et vous l'apprécierez en vous référant à des exemples littéraires.

* Rapport de Mme Châtelet

Les candidates ont été placées cette année devant un texte long de Roland BARTHES. On leur demandait : - d'abord de l'analyser pour en dégager les idées de Roland Barthes sur le style,

- puis d'apprécier librement cette conception.

Un grand nombre d'entre elles ayant paru déroutées par l'analyse, nous insisterons sur cet exercice. Nous indiquerons ensuite les principales directions dans lesquelles pouvait s'engager la discussion.

I - L'ANALYSE

L'analyse suppose d'abord une lecture attentive du passage proposé. Or beaucoup de copies révèlent des faiblesses sur ce point. Rappelons donc quelques règles essentielles sur la manière de lire un texte.

Puisqu'il ne peut s'agir ici d'une lecture expressive à voix haute, on conseillerait volontiers une lecture annotée, qui n'hésite pas à souligner les mots importants, les liaisons indispensables, qui mette en évidence les parallélismes ou les reprises d'expression, bref qui dégage par des moyens matériels la structure du texte. Cette première lecture n'a pour objet que de préparer l'analyse qui doit être elle-même élaborée à partir des éléments retenus.

Sobre a escolha do vestuário

Um filme da TV sobre Rosa Luxemburgo mostra-me a beleza do seu rosto. A partir dos seus olhos induzo o desejo de ler os seus livros. E a partir daí imagino uma ficção: a dum sujeito intelectual que decidisse tornar-se marxista e que tivesse de escolher o seu marxismo: qual? de que dominância, de que marca? Lenine, Trotsky, Luxemburgo, Mao, Bordiga, etc.? Este indivíduo vai a uma biblioteca, lê tudo, tal qual se apalpa o vestuário, e escolhe o marxismo que melhor lhe convém, preparando-se desde logo para proferir o discurso da verdade a partir duma economia que é a do seu corpo.

(Isto poderia ser uma cena inédita de Bouvard e Pécuchet – se, justamente, Bouvard e Pécuchet não mudassem de corpo em cada biblioteca que exploram.)

O ritmo

Ele sempre acreditou nesse ritmo grego, na sucessão da Ascese e da Festa, no desencadeamento duma pela outra (e de forma alguma no ritmo insípido da modernidade: *trabalho/lazer).* Era precisamente o ritmo de Michelet ao passar, na sua vida e no seu texto, por uma série de mortes e ressurreições, enxaquecas e entusiasmos, narrativas (ele «remava» em Luís XI) e quadros (aí a sua escrita desabrochava). Foi o ritmo que de certo modo conheceu na Roménia, onde, por virtude dum costume eslavo ou balcânico, as pessoas se *encerravam* periodicamente, durante três dias, na Festa (jogos, comida, vigília e o resto: era o «kef»). Assim, na sua própria vida, esse ritmo é permanentemente procurado; não só é necessário que durante o dia de trabalho haja em vista *o prazer* à noite (o que é banal) como também, complementarmente, surja da noite feliz, mais para o fim dela, o desejo de chegar muito depressa ao dia seguinte a fim de recomeçar o trabalho (de escrita).

(De reparar que o ritmo não é obrigatoriamente regular: Casais dizia muito bem que o ritmo é *o retardo.*

Que isto se saiba

Todo o enunciado de escritor (mesmo os dos mais ferozes) comporta um operador secreto, uma palavra inexprimida, algo como o morfema silencioso duma categoria tão primitiva como a negação ou a interrogação, cujo sentido seria: «*E isto que se saiba!*» Esta mensagem envolve as frases de quem quer que escreva; há em cada uma delas um ar, um ruído, uma tensão muscular, laríngea, que faz lembrar as três pancadas do teatro ou o gongo da Rank. Mesmo Artaud, o deus heterológico, diz daquilo que escreve: «*isto que se saiba!*»

Entre Salamanca e Valladolid

Num dia de Verão (1970), rolando e sonhando entre Salamanca e Valladolid, por desfastio imaginava como jogo uma filosofia nova, baptizada desde logo «preferencialismo»; nessa altura, no carro, pouco se lhe dava que ela fosse leviana ou culpada: sobre um fundo (um rochedo?) materialista em que o mundo apenas é visto como tecido, um texto desenrolando a revolução das linguagens, a guerra dos sistemas, e em que o sujeito, disperso, inconstituído, apenas pode apreender-se à custa dum imaginário, não tendo a escolha (política, ética) desse simulacro de assunto qualquer valor de fundamentação: *essa escolha não é importante;* qualquer que seja a forma, pomposa, violenta, pela qual ela seja afirmada, não é mais do que uma *inclinação;* perante os *bocados* do mundo apenas tenho direito *à preferência.*

Exercício escolar

1. Porque menciona o autor a data deste episódio?
2. Em que é que o local justifica «sonhar» e «aborrecer-se»?
3. Em que é que a filosofia evocada pelo autor poderia ser «culpada»?
4. Explique a metáfora «um tecido».
5. Cite filosofias às quais possa opor-se o «preferencialismo».
6. Sentido das palavras «revolução», «sistema», «imaginário», «inclinação».
7. Porque sublinha o autor certas palavras ou certas expressões?
8. Caracterize o estilo do autor.

O saber e a escrita

Ao trabalhar em qualquer texto que está a andar bem, ele gosta de ter de procurar complementos, precisões, em livros de saber; se lhe fosse possível, teria uma biblioteca exemplar de *usuais* (dicionários, enciclopédias, manuais, etc.): que o saber esteja em círculo em meu redor, à minha disposição; que eu não tenha senão de consultá-lo – e não de ingeri-lo; que o saber seja conservado no seu lugar como *um complemento de escrita.*

O valor e o saber

(A propósito de Bataille): «Em suma, o saber é retido como potência mas é combatido como aborrecimento;

o valor não é aquilo que despreza, relativiza ou rejeita o saber, mas sim aquilo que o desenfada, aquilo que repousa dele; não se opõe ao saber segundo uma perspectiva polémica mas segundo um sentido estrutural; há alternância de saber e de valor, repouso de um pelo outro, segundo uma espécie de *ritmo amoroso*. E aqui está, em resumo, o que é a escrita do ensaio (estamos a falar de Bataille): o ritmo amoroso da ciência e do valor: *heterologia, prazer.*»

A cena

Ele sempre considerou a «cena» (doméstica) como uma experiência pura da violência, a tal ponto que, onde quer que ouça uma, tem sempre *medo*, como uma criança tomada de pânico por causa das discussões dos pais (foge sempre dela, descaradamente). A cena tem uma repercussão assim tão grave porque põe a nu o cancro da linguagem. O que a cena diz é que a linguagem é impotente para fechar a linguagem: engendram-se as réplicas sem qualquer outra conclusão que não seja a do assassínio; e é por estar inteiramente voltada para esta última violência que a cena, todavia, nunca assume (pelo menos entre pessoas «civilizadas») o facto de ser uma violência essencial, uma violência que tem prazer em se alimentar: terrível e ridícula, à maneira dum homeostato de ficção científica.

(Passando para o teatro, a cena domestica-se. O teatro *doma-a* quando a obriga a terminar: uma paragem da linguagem é a maior violência que se pode exercer na violência da linguagem.)

Ele tolerava mal a violência. Esta disposição, embora permanentemente verificada, continuava a ser para ele bastante enigmática; mas ele sentia que a razão dessa intolerância devia ser procurada por este lado: a violência organizava-se sempre como *cena:* a mais transitiva das condutas (eliminar, matar, ferir, dominar, etc.) era também a mais teatral, e era, em suma, a esta espécie de escândalo semântico que ele resistia (pois não se oporá o sentido por natureza ao acto?); ele não podia deixar de entrever bizarramente em toda a violência um nó literário: quantas cenas conjugais não poderão ser agrupadas segundo o modelo dum grande quadro de pintura: *A Mulher Expulsa* ou ainda *O Repúdio?* Toda a violência é afinal a ilustração dum estereótipo patético, e, bizarramente, a maneira absolutamente irrealista pela qual se decora e sobrecarrega o acto violento – maneira ao mesmo tempo expedita e grotesca, activa e cristalizada – era o que o levava a ter pela violência um sentimento que ele não conhecia em mais nenhuma ocasião: uma espécie de severidade (pura reacção de amanuense, sem dúvida).

A ciência dramatizada

E suspeitava da ciência e censurava nela a sua *adiaforia* (termo nietzschiano), a sua indiferença, pois os cientistas fazem dessa indiferença uma Lei de que se erigem procuradores. A condenação desaparecia no entanto de todas as vezes que era possível *dramatizar* a Ciência (restituir-lhe um poder de diferença, um efeito textual); ele gostava dos cientistas em que podia descortinar uma perturbação, um tremor, uma mania, um delírio, uma inflexão; tinha aproveitado muito com o Curso de Saussure, mas Saussure tornara-se muito mais precioso para ele depois de ter conhecido a escuta louca dos *Anagramas;* pressentia deste modo em muitos cientistas uma deficiência feliz, mas na maior parte dos casos eles não se atreviam a ir até ao ponto de fazerem dela uma obra: a sua enunciação permanecia entalada, sobranceira, indiferente.

Assim, pensava ele, era por não ter sabido *exaltar-se* que a ciência semiológica não se tinha desenvolvido muito bem: muitas vezes não passava dum murmúrio de trabalhos indiferentes, cada um dos quais tornava indiferentes o objecto, o texto, o corpo. E, no entanto, como esquecer que a semiologia tem uma certa relação com a paixão do sentido: o seu apocalipse e/ou a sua utopia?

O *corpus:* que bela ideia! Desde que nos disponhamos a ler no corpus o corpo: quer porque se procure, no conjunto dos textos seleccionados para estudo (e que forma o corpus) não apenas a estrutura mas também as figuras da enunciação; quer porque se tenha com esse conjunto qualquer relação amorosa (sem a qual o corpus não é mais que um *imaginário* científico).

Pensar sempre em Nietzsche: somos científicos por falta de subtileza. – Imagino, pelo contrário, por utopia, uma ciência dramática e subtil, voltada para a inversão carnavalesca da proposição aristotélica e que se atreveria a pensar, pelo menos num fulgor: *só há ciência da diferença.*

Eu vejo a linguagem

Tenho uma doença: *vejo* a linguagem. Aquilo que eu deveria simplesmente ouvir, é-me revelado, através duma estranha pulsão (perversa pelo facto de o desejo se enganar no objecto), como sendo uma «visão» análoga (respeitando as proporções respectivas) àquela que Cipião teve, em sonhos, sobre as esferas musicais do mundo. A cena primitiva, em que ouço sem ver, sucede-se uma cena perversa, em que imagino ver o que ouço. A escuta deriva para a «escopia»: da linguagem, sinto-me visionário e vidente.

De acordo com uma primeira visão, o imaginário é simples: é o discurso do outro *tal como o vejo* (rodeio-o de aspas). A seguir volto a «escopia» para mim: vejo a minha linguagem *tal como é vista*: vejo-a *completamente nua* (sem aspas): é o tempo vergonhoso, doloroso, do imaginário. Desenha-se então uma terceira visão: a das linguagens infinitamente escalonadas, dos parêntesis nunca fechados: visão utópica ao supor um leitor móvel, plural, que põe e tira aspas de modo lesto: que começa a escrever comigo.

Sed contra

Ele parte muito frequentemente do estereótipo, da opinião banal *que está nele*. E é por não a querer (por reflexo estético ou individualista) que procura outra coisa: habitualmente, depressa cansado, detém-se na simples opinião contrária, no paradoxo, naquilo que nega mecanicamente o preconceito (por exemplo: «só há ciência do particular»). Em suma, mantém com o estereótipo relações de oposição, relações familiares.

É uma espécie de «deporte» (de «desporto») intelectual: ele transporta-se mecanicamente para onde haja solidificação da linguagem, consistência, estereotipia. Afadiga-se, como uma cozinheira vigilante, cuida de que a linguagem não se torne mais espessa, que não *ligue*. Este movimento, que é puramente formal, evidencia os progressos e os regressos da obra: é uma pura táctica linguageira, que se estende *no ar,* fora de todo e qualquer horizonte estratégico. O risco reside em que, deslocando-se o estereótipo historicamente, politica-

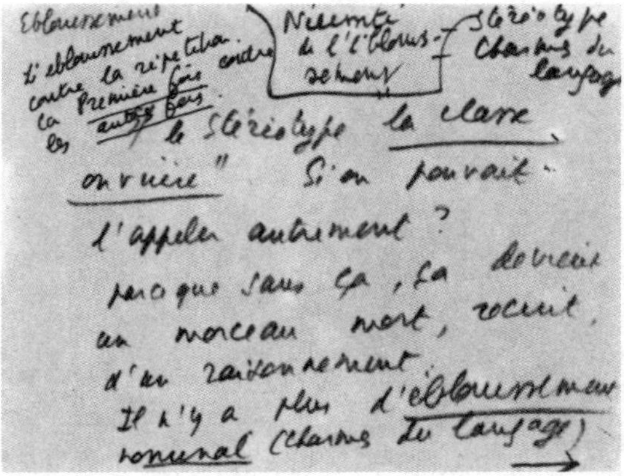
Eblouissement
l'éblouissement contre la répétition
la Première fois contre les autres fois.
Niaiserie de l'éblouissement
Stéréotype Charme du langage
le Stéréotype "la classe ouvrière" Si on pouvait l'appeler autrement ?
parce que sans ça, ça devient un morceau mort, récit, d'un raisonnement.
Il n'y a plus d'éblouissement nominal (Charme du langage)

A ideia «venturosa».

Toda ardente, nada se podia ainda discernir da sua qualidade: animal? perigosa? insignificante? a esconder? a rejeitar? a denegar? a proteger?

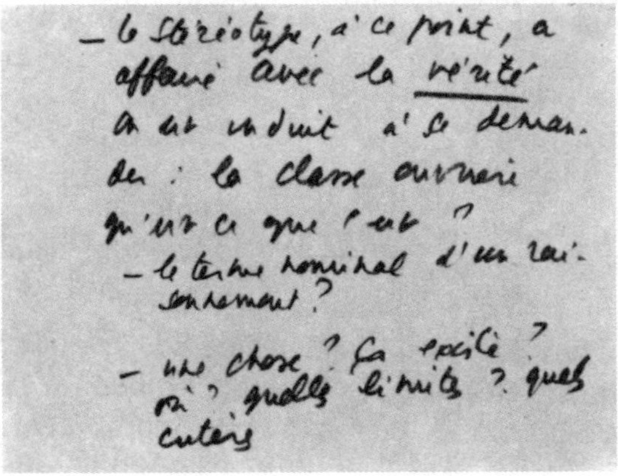
— le Stéréotype, à ce point, a affaire avec la vérité
On est conduit à se demander : la classe ouvrière qu'est ce que c'est ?
— le terme nominal d'un raisonnement ?
— une chose ? ça existe ? où ? quelles limites ? quels critères

mente, forçoso é segui-lo para onde quer que vá: que sucederia se o estereótipo *passasse para a esquerda?*

O choco e a sua tinta

Escrevo isto dia após dia; está a pegar, está a pegar!: o choco produz a sua tinta: eu ato o meu imaginário (para me defender e me oferecer ao mesmo tempo).

Como saberei eu que o livro acabou? Em resumo, trata-se, como sempre, de elaborar uma língua. Ora, em toda a língua, os signos regressam e, de tanto regressarem, acabam por saturar o léxico – a obra. Tendo desfiado a matéria destes fragmentos durante meses, aquilo que me acontece desde então vem arrumar-se espontaneamente (sem forçar) sob as enunciações que já foram feitas: a estrutura vai-se tecendo pouco a pouco e, ao fazê-lo, torna-se cada vez mais magnética: assim se constrói, sem qualquer plano meu, um reportório finito e perpétuo como o da língua. A partir de certo momento, não há já qualquer transformação possível a não ser a que aconteceu no navio «Argos»: eu poderia conservar este livro durante mais tempo, mudando pouco a pouco cada um dos fragmentos.

Projecto dum livro sobre a sexualidade

Aqui está um jovem casal que se instala no meu compartimento: a mulher é loira, pintada; usa grandes óculos escuros, lê o *Paris-Match;* tem um anel em cada dedo e cada unha de ambas as mãos está pintada de cor diferente das unhas vizinhas; a do dedo médio, mais curta, dum carmim pesado, indica grosseiramente o dedo da masturbação. Daqui, do *encantamento* em que me mantém este casal do qual não consigo desviar os olhos, surge-me a ideia dum livro (ou dum filme) onde não haveria senão estes traços de sexualidade secundária (nada de pornográfico); aí se apreenderia (tentar-se-ia apreender) a «personalidade» sexual de cada corpo, que não é nem a sua beleza nem o seu ar «sexy» mas, sim, a forma como cada sexualidade se oferece imediatamente à leitura; porque a jovem loira de unhas grosseiramente coloridas e o seu jovem marido (de nádegas moldadas e olhos doces) traziam a sua sexualidade de casal na botoeira, como uma legião de honra *(sexualidade* e *respeitabilidade* provêm do mesmo cartaz) e essa sexualidade *legível* (tal qual Michelet a teria certamente lido) enchia o compartimento, por uma metonímia irresistível, muito mais seguramente do que uma série de garridices.

O «sexy»

Diferente da sexualidade secundária, o *«sexy»* dum corpo (que não é a sua beleza) resulta de ser possível marear (fantasmar) nele a prática amorosa à qual o submetemos em pensamento (tenho precisamente a ideia desta e não de que qualquer outra). Do mesmo modo se diria que há, bem distintas no texto, frases *«sexy»:* frase perturbadoras pelo seu próprio isolamento, como se tivessem em si a promessa que a nós, leitores, é feita duma prática linguageira, como se fôssemos procurá-las em virtude dum gozo *que sabe o que quer.*

Fim feliz da sexualidade?

Os Chineses: toda a gente pergunta (e eu em primeiro lugar): mas onde está a sexualidade deles? – Uma vaga ideia disso (mais uma imaginação), mas que se fosse verdadeira seria uma revisão de todo um discurso anterior:

no filme de Antonioni, vêem-se, num museu, visitantes olhando para uma maqueta que representa uma cena bárbara da antiga China: um bando de soldados espoliando uma família camponesa; as expressões são brutais ou dolorosas, a maqueta é grande, muito iluminada; os corpos estão ao mesmo tempo hirtos (com o brilho dum museu de figuras de cera) e revoltos, levados a uma espécie de paroxismo ao mesmo tempo carnal e semântico; pensamos nos escultores veristas dos Cristos espanhóis, cuja crueza tanto revoltava Renan (é certo que ele a imputava aos jesuítas). Ora esta cena aparece-me, de repente e muito exactamente: *sobre-sexualizada,* à maneira dum quadro sadiano. E imagino então (mas é só uma imaginação) que a sexualidade, *tal qual falamos dela e na medida em que falamos dela,* é um produto da opressão social, da má história dos homens: em suma, um efeito de civilização. A partir daqui, poderia acontecer que a sexualidade, *a nossa sexualidade,* fosse isentada, tornada caduca, anulada *sem recalcamento* pela libertação social: desaparecido o Fálus! Nós é que faríamos dele, à maneira dos antigos pagãos, um pequeno Deus. Não passará o materialismo por uma certa *distância* sexual, pela queda *mate* da sexualidade para fora do discurso, para fora da ciência?

O «shifter» como utopia

Recebe uma carta longínqua de um amigo: «*Segunda-feira. Regresso amanhã. João Luís.*»

Tal como Jourdain e a sua prosa célebre (cena de resto bastante poujadista), maravilha-se ao descobrir num enunciado tão simples como este o rasto dos operadores duplos, analisados por Jakobson. Porque, se o João Luís sabe perfeitamente quem é e em que dia está a escrever, a mensagem dele que até mim chega é perfeitamente incerta: *qual segunda-feira? qual João Luís?* Como hei-de sabê-lo, eu que *do meu ponto de vista* tenho de escolher instantaneamente entre vários João Luís e entre várias segundas-feiras? Embora codificado, *o «shifter»*, para só falar do mais comum desses operadores, surge assim como um meio manhoso – fornecido pela própria língua – de romper a comunicação: eu falo (apreciem o meu domínio do código), mas envolvo-me na bruma duma situação enunciadora que é desconhecida para os outros; estabeleço no meu discurso *fugas de interlocução* (não será afinal isso que sempre acontece quando usamos o «shifter» por excelência, o pronome *«eu»?)*. A partir disto ele imagina os «shifters» (chamemos assim, por extensão, a todos os operadores de incerteza que se formam *na própria língua: eu, aqui, agora, amanhã, segunda-feira, João Luís*) como sendo outras tantas subversões sociais, concedidas pela língua mas combatidas pela sociedade que tem medo dessas fugas de subjectividade, que colmata sempre obrigando a reduzir a duplicidade do operador *(segunda-feira, João Luís*) pela referência «objectiva» a uma data *(segunda, 12 de Março)* ou uma indicação patronímica *(João Luís B.)*. Será possível imaginarmos a liberdade – e, se assim se pode dizer, a fluidez amorosa – duma colectividade que só falasse usando primeiros nomes e «shifters», em que cada pessoa não dissesse senão *eu*, amanhã, lá, sem se referir ao que quer que fosse de legal e em que *a nebulosidade da diferença* (única maneira de respeitar a sua subtileza e a sua repercussão infinita) seria o mais preciso valor da linguagem?

Na significação, três coisas

Na significação, tal como é concebida a partir dos estóicos, há três coisas: o significante, o significado e o referente. Mas agora, se eu imaginar uma linguística do valor (no entanto, como edificarmo-la conservando-nos a nós fora do valor, como edificarmo-la «cientificamente», «linguisticamente»?), essas três coisas que se encontram na significação já não serão as mesmas; uma delas é conhecida, é o processo da significação, domínio vulgar da linguística clássica, que nele se detém, se mantém e proíbe que dele se saia, mas as outras são-no menos. São a notificação (atira a minha mensagem e atinjo o ouvinte) *e a assinatura* (ostento-me a mim mesmo, não posso deixar de me ostentar). Com esta análise mais não faríamos do que desdobrar a etimologia do verbo «significar»: fabricarmos um sinal, fazermos sinal (a alguém), reduzirmo-nos imaginariamente ao nosso próprio signo, sublimarmo-nos nele.

Uma filosofia simplista

Dir-se-ia muitas vezes que ele vê a socialidade duma forma simplista: como uma imensa e perpétua fricção entre linguagens (discursos, ficções, imaginários, razões, sistemas, ciências) e entre desejos (pulsões, feridas, ressentimentos, etc.). Que é feito então do «real» nesta filosofia? Não é negado (por vezes é mesmo invocado a título progressista) mas sim remetido, em suma, para uma espécie de «técnica», de racionalidade empírica, objecto de «receitas», de «remédios», de «desenlaces» *(se agirmos deste modo, produziremos aquilo; para evitar isto, façamos racionalmente aqueloutro; esperemos, deixemos que a coisa se transforme,* etc.). Filosofia de máximo desvio: delirante quando se trata da linguagem, empírica (e «progressista») quando se trata do «real».

(Sempre esta recusa francesa do hegelianismo.)

Macaco entre os macacos

Acosta, fidalgo português de origem judaica, está exilado em Amsterdão; adere à Sinagoga; a seguir critica-a e é excomungado pelos rabinos; deveria então, logicamente, separar-se da comunhão hebraica, mas conclui de modo diferente: «Porque hei-de eu teimar em permanecer segregado durante toda a minha vida, com tantas incomodidades, eu que estou num país estrangeiro cuja língua não percebo? *Não será muito melhor fazer de macaco entre os macacos?»* (Pierre Bayle, *Dicionário Histórico e Critico.)*

Quando não há uma língua conhecida ao nosso dispor, é forçoso que nos decidamos a *roubar* uma *linguagem* – tal como outrora se roubava um pão. (Todos aqueles – e são multidão – que estão fora do Poder são forçados ao roubo da linguagem.)

A divisão social

As divisões da relação social existem efectivamente, são reais, ele não o nega e escuta atentamente todos aqueles (muito numerosos) que falam disso; mas aos seus olhos, e porque talvez enfeitice de certo modo a linguagem, essas divisões reais são absorvidas na sua forma interlocutória: é a interlocução que está dividida, alienada: deste modo, ele vive toda a relação em termos de linguagem.

A mim, eu(*)

Um estudante americano (positivista ou contestatário: já não consigo distinguir) identifica, como se fosse

(*) «Moi, je». (*N.T.*)

óbvio, *subjectividade* com *narcisismo;* pensa certamente que a subjectividade consiste em falar de si, para dizer bem. Isto, por ser vítima dum velho casal, dum velho paradigma: *subjectividade/ objectividade.* Todavia, hoje em dia o sujeito toma-se *noutro lado* e a «subjectividade» pode regressar noutro ponto da espiral: desconstruída, desunida, deportada, sem amarras: porque não hei-de falar de «eu», uma vez que «eu» já não é «mim mesmo»?(*)

Pronomes ditos pessoais: tudo se joga aqui, estou enclausurado para todo o sempre na liça pronominal; «eu» mobilizo o imaginário, «tu» e «ele» a paranóia. Mas também, segundo o leitor, de forma fugidia, como reflexo cambiante, tudo se pode voltar: em «a mim, eu», o *eu* pode não ser o *mim,* que quebra de forma carnavalesca; posso tratar-me por «tu», como fazia Sade, para distinguir em mim o operário, o fabricante, o produtor de escrita, do sujeito da obra (o Autor). Por outro lado, não falar de si próprio pode querer dizer: *Eu sou aquele que não fala de si próprio;* e falar sobre si próprio, dizendo «ele», pode querer dizer: falo de mim como estando *um pouco morto,* assolado por uma leve bruma de ênfase paranóica; ou ainda: falo de mim à maneira do actor brechtiano, que deve distanciar o seu personagem: deve «mostrá-lo» e não incarná-lo, dando no seu débito verbal como que um piparote que tem por efeito descolar o pronome do seu nome, a imagem do seu suporte, o imaginário do seu espelho (Brecht recomendava ao actor que pensasse todo o seu papel na terceira pessoa).

Afinidade possível entre a paranóia e a distanciação, através do intermediário da narrativa: o «ele» é épico. Isto quer dizer que o «ele» é mau, é a pior palavra da

(*) «Je – moi-même». (*N.T.*)

língua: pronome da não-pessoa, anula e mortifica o seu referente; não conseguimos aplicá-lo a quem amamos sem sentir um certo mal-estar. Ao dizer, acerca de alguém, «ele», tenho sempre em vista uma espécie de assassínio pela linguagem, cuja cena completa, por vezes sumptuosa, cerimonial, é o *mexerico.*

E por vezes, como irrisão de tudo isto, o «ele» cede o lugar ao «eu» por simples efeito dum embaraço sintáxico: pois numa frase um pouco longa «ele» pode remeter sem aviso para vários outros referentes que não eu.

Eis uma série de proposições ultrapassadas (se não fossem contraditórias): *eu não seria nada se não escrevesse. Todavia não estou onde escrevo. Valho mais do que o que escrevo.*

Um mau sujeito político

Sendo a estética a arte de ver as formas destacarem-se das causas e dos fins e constituírem um sistema suficiente de valores, que haverá de mais contrário à política do que isto? Ora, ele não conseguia libertar-se do reflexo estético, não podia impedir-se de *ver,* numa conduta política que aprovasse, a forma (a consistência formal) que ele tomava (e que podia acontecer achar repelente ou ridícula). Assim, sendo muito especialmente intolerante para com a chantagem (por que razão profunda?), era sobretudo a chantagem aquilo que ele via na política dos Estados. Em virtude dum sentimento estético ainda mais deslocado, e ao multiplicarem-se as tomadas de reféns, sempre sob a mesma forma, acaba por se sentir repugnado com o carácter mecânico destas operações; caíam no descrédito que toda a repetição provoca: '*mais um! Que chatice!* Era como o estribilho duma boa canção,

L'espace du séminaire est phalanstérien, c'est-à-dire, en un sens, romanesque. C'est seulement l'espace de circulation des désirs subtils, des désirs mobiles; c'est, dans l'artifice d'une socialité dont la consistance est miraculeusement exténuée, selon un mot de Nietzsche: "l'enchevêtrement des rapports amoureux"

(*Tradução:* O espaço do seminário é falansteriano, isto é, em certo sentido, romanesco. É unicamente o espaço de circulação dos desejos subtis, dos desejos nobres; é, no artifício duma sociabilidade cuja consistência é miraculosamente exteriorizada, segundo uma frase de Nietzsche: «o enredo das relações amorosas.»)

como o tique facial duma pessoa bonita. Assim, em resultado duma predisposição perversa para *ver* as formas, as linguagens e as repetições, tornava-se insensivelmente *um mau sujeito político.*

A sobredeterminação

Ahmad Al Tifachi (1184 – 1253), autor das *Delícias dos Corações,* descreve do seguinte modo o beijo dum prostituído: enfia e gira a língua na nossa boca com teimosia. Tomaremos isto como demonstração dum comportamento *sobredeterminado;* pois o prostituído de Al Tifachi extrai dessa prática erótica, aparentemente pouco concordante com o seu estatuto profissional, um benefício triplo: mostra a sua ciência do amor, salvaguarda a imagem da sua virilidade e todavia compromete pouco o seu corpo, cujo interior recusa com este assalto. Onde está o tema principal? O assunto não é complicado (como afirma irritadamente a opinião corrente), mas sim compósito (como teria dito Fourier).

A surdez para a própria linguagem

Aquilo que ele ouvia, aquilo que ele não podia deixar de ouvir para onde quer que fosse, era a surdez dos outros para a própria linguagem: ouvia-os não se ouvirem. Mas, e quanto a ele? Nunca ouviria ele a sua própria surdez? Lutava para conseguir ouvir-se, mas com esse esforço só produzia mais outra cena sonora, mais uma ficção. Dai o confiar-se à escrita: pois não será esta a linguagem que renunciou a produzir a *réplica derradeira,* que vive e respira para se entregar ao Outro a fim de que ele nos ouça?

A simbólica de Estado

Escrevo o que se segue num sábado, 6 de Abril de 1974, dia de luto nacional em memória de Pompidou. Durante o dia inteiro no rádio, «boa música» (para os meus ouvidos): Bach, Mozart, Brahms, Schubert. A «boa música» é portanto uma música fúnebre: há uma metonímia oficial que une a morte, a espiritualidade e a música de classe (nos dias de greve só se ouve «má música»). A minha vizinha, que ouve habitualmente música *pop*, hoje não ligou o rádio. Ficamos assim os dois excluídos da simbólica do Estado: ela porque não suporta o seu significante (a «boa música»), eu porque não suporto o seu significado (a morte de Pompidou). Esta dupla amputação não tornará a música assim manipulada num discurso opressivo?

O texto sintomal

Como deverei fazer para que cada um destes fragmentos nunca seja senão um sintoma? – É fácil, abandone-se, *regresse*.

Sistema/sistemática

Não será próprio do real ser *incontrolável*? E não será próprio do sistema *controlá-lo*? Que poderá então fazer, perante o real, aquele que recusa o controlo? Despedir o sistema como aparelho, aceitar a sistemática como escrita (Fourier assim fez, *SFL, 144)*.

Táctica/Estratégia

O movimento da sua obra é táctico; trata-se de se deslocar, de obstruir como no jogo da barra, mas não de conquistar. Exemplos: a noção de intertexto? Não tem no fundo qualquer positividade; serve para combater a lei do contexto (*1971*, 11); a constatação é fornecida em dado momento como valor, mas não é de modo algum pela exaltação da objectividade, e sim para fazer obstrução à expressividade da arte burguesa; a ambiguidade da obra não provém de maneira alguma do *New Critic*ism (*CV*, 55) e não lhe interessa em si mesma; não é mais do que uma pequena máquina de guerra contra a lei filológica, a tirania universitária do sentido recto. Essa obra definir-se-ia portanto como *uma táctica sem estratégia.*

Mais tarde

Ele tem essa mania: fornecer «introduções», «esquissos», «elementos», adiando para mais tarde o «verdadeiro» livro. Essa mania tem um nome retórico: *a prolepse* (bem estudada por Genette).

Aqui estão alguns desses livros anunciados: uma História da Escrita (*DZ*, 22), uma História da Retórica (*1970*, II), uma História da Etimologia (*1973*), uma Estilística Nova (*S/Z*, 107), uma Estética do Prazer Textual (*PlT*, 104), uma nova Ciência Linguística *(PlT,* 104), uma Linguística do Valor (*ST*, 61), um inventário dos discursos de amor (*S/Z*, 182), uma ficção baseada na ideia dum Robinson urbano (*1971*, I), uma súmula sobre a pequena burguesia *(1971,* II*)*, um livro sobre a França intitulado – à maneira de Michelet – *A Nossa França (1971,* II*)*, etc.

Estes anúncios, que tinham na maior parte das vezes como fito um livro somatório, desmesurado, parodiando o grande monumento do saber, não podem ser senão simples actos de discurso (são efectivamente prolepses);

pertencem à categoria do dilatório. Mas o dilatório, negação do real (do realizável), não deixa de ser por este facto menos vivo: estes projectos vivem e nunca são abandonados; suspensos, podem a qualquer momento readquirir vida; ou, pelo menos, idênticos ao rasto persistente duma obsessão, realizam-se parcialmente, indirectamente, *como gestos,* através de temas, fragmentos, artigos: a História da Escrita, postulada em 1953, engendra vinte anos mais tarde a ideia dum seminário sobre uma história do discurso francês; a Linguística do Valor guia, de longe, este livro. *A montanha pariu um rato?* Temos de procurar o reverso positivo deste provérbio desdenhoso: não será de mais a montanha para fazer um rato.

Fourier nunca propõe os seus livros senão como anúncio do livro perfeito que há-de publicar mais tarde (perfeitamente claro, perfeitamente persuasivo, perfeitamente complexo). A Anunciação do Livro *(o prospecto)* é uma dessas manobras dilatórias que regem a nossa utopia interna. Vou imaginando, fantasmando, colorindo e dando lustro ao grande livro de que sou incapaz: é um livro de saber e de escrita, ao mesmo tempo sistema perfeito e irrisão de qualquer sistema, uma soma de inteligência e prazer, um livro vingativo e terno, corrosivo e tranquilo, etc. (aqui, catadupa de adjectivos, baforada de imaginário); tem, em resumo, todas as qualidades dum herói de romance: é aquele que vem (a aventura) e, tornando-me o João Baptista de mim mesmo, este livro eu o anuncio.

Se prevê, por vezes, livros para fazer (e que não faz), é porque adia para mais tarde aquilo que o aborrece. Ou melhor, quer escrever *imediatamente* a que lhe agrada escrever e não outra coisa. Em Michelet, o que lhe dá vontade de escrever são os temas carnais, o café, o sangue, a piteira, o trigo, etc.; vai-se portanto construindo, para uso próprio, uma crítica temática, mas para ela não se arriscar teoricamente contra outra escola -histórica, biográfica, etc. –, pois o fantasma é demasiado egoísta para ser polémico, declara-se que se trata apenas duma *pré-crítica* e que a «verdadeira» crítica (que é a dos outros) virá mais tarde.

Faltando-nos o tempo permanentemente (ou imaginando que nos falta), apanhados nos prazos, nos atrasos, teimamos em acreditar que conseguiremos sair disso pondo ordem naquilo que temos de fazer. Elaboramos programas, planos, calendários, listas de prazos. Em cima da mesa e nos ficheiros, quantas listas de artigos, livros, seminários, voltas a dar, telefonemas para fazer? Na realidade, nunca consultamos esses papéis, uma vez que uma consciência angustiada nos contempla com uma excelente memória para as nossas obrigações. Mas é algo de irreprimível: esticamos o tempo que nos falta com a própria inscrição dessa falta. Chamemos a isto *a compulsão do programa* (cujo carácter hipomaníaco se adivinha); aparentemente os Estados e as colectividades não estão isentos dela: quanto tempo perdido *a fazer programas!* E como prevejo vir a fazer um artigo sobre isso, a ideia de programa torna-se em si mesma compulsão de programa.

Invertamos agora tudo isto: estas manobras dilatórias, estes emaranhados do projecto, talvez tudo isto seja a escrita. Em primeiro lugar a obra nunca é senão o meta-livro (o comentário previsional) duma obra que há-de vir e que, *não se fazendo,* se torna essa mesma obra: Proust, Fourier, só escreveram «Prospectos». Além disso, a obra nunca é monumental: é uma proposta que cada pessoa irá saturar como quiser e como puder: passo-lhes uma matéria semântica para a percorrerem como o furão. Finalmente, a obra é uma *repetição* (de teatro), e esta repetição é, como num filme de Rivette, verbosa, infinita, entrecortada por comentários, por excursos, entrançando-se com outra coisa. Por outras palavras: a obra é um escalonamento: o seu ser é o *degrau:* uma escada que não pára.

«Tel Quel»

Os seus amigos de *Tel Quel:* a sua originalidade, a sua *verdade* (para além da energia intelectual, do génio de escrita), provêm do facto de aceitarem falar uma linguagem comum, geral, incorporal, a saber: a linguagem política *ao mesmo tempo que cada um deles a fala com o próprio corpo.* – Pois bem! porque não faz o mesmo? – Precisamente porque não tenho o mesmo corpo que eles; o meu corpo não consegue adaptar-se *à generalidade,* ao poder de generalidade que existe na linguagem. – Não será isso uma perspectiva individualista? Não a encontraremos num cristão – anti-hegeliano notório – como Kierkegaard?

O corpo é a diferença irredutível e, ao mesmo tempo, o princípio de toda a estruturação (uma vez que a estruturação é o Único da estrutura (*1968*, II*)*. Se eu conseguisse falar política *com o meu próprio corpo,* tornaria a mais chã das estruturas (discursivas) numa estruturação; com a repetição produziria Texto. O problema está em saber se o aparelho político reconheceria durante muito tempo esta maneira de fugir à banalidade militante enfiando nela, vivo, pulsante, gozador, o meu próprio corpo único.

O tempo que está

Esta manhã diz-me a padeira: *continua a estar bom tempo!, mas o calor já dura há tempo de mais!* (as pessoas daqui acham sempre que está um tempo bom de mais, quente de mais). E eu acrescento: e a *luminosidade é tão linda!* Mas a padeira não responde e mais uma vez dou conta deste curto-circuito da linguagem para o qual as conversas mais fúteis constituem uma oportunidade garantida; compreendo que *ver a luminosidade* provém duma sensibilidade de classe; ou melhor, uma vez que há luminosidades «pitorescas» que são certamente apreciadas pela padeira, o que está socialmente marcado é a visão «vaga», a visão sem contornos, sem objecto, *sem figuração,* a visão duma transparência, a visão duma não-visão (esse valor não figurativo que se encontra na boa pintura e não na má). Em resumo, nada mais cultural do que a atmosfera, nada mais ideológico do que o tempo que está.

Terra prometida

Ele lamentava não poder abarcar a um tempo todas as vanguardas, não atingir todas as bermas, estar limitado, retraído, demasiado sossegado, etc.; e a sua mágoa não podia ser iluminada por nenhuma análise segura: a que resistia ele ao certo? Que recusava ele (ou mais superficialmente ainda: o que é que o fazia *amuar)* aqui e além? Um estilo? Uma arrogância? Uma violência? Uma imbecilidade?

A minha cabeça está baralhada

Sobre um determinado trabalho, sobre um determinado assunto (habitualmente aqueles sobre os quais se fazem dissertações), sobre um determinado dia da vida, gostaria ele de colocar como divisa este dito de comadre: *a minha cabeça está baralhada* (imaginemos uma língua na qual o jogo das categorias gramaticais obrigasse por vezes o sujeito a enunciar-se sob as vestes duma velha).

E, todavia, *ao nível do seu corpo,* nunca sente a cabeça baralhada. É mesmo uma maldição: nunca nenhum estado nebuloso, perdido, segundo; sempre a consciência: excluída da droga e no entanto sonhando com ela; sonhando com poder embriagar-se (em lugar de ficar logo doente); esperando outrora duma operação cirúrgica, pelo menos um vez na vida, uma *ausência,* que lhe foi recusada por falta duma anestesia geral; voltando a encontrar todas as manhãs, ao despertar, uma cabeça um pouco tonta mas cujo interior permanece fixo (às vezes, quando adormeci sem preocupações, nas primícias do despertar ele desapareceu: minuto branco, milagrosamente privado de sentido; mas a preocupação abarca-me a mim como uma ave de rapina e volta a ver-me inteiro, *como estava ontem).*

Sente por vezes vontade de deixar repousar toda essa linguagem que tem na cabeça, no trabalho, nos outros, como se a própria linguagem fosse um membro cansado do corpo humano; parece-lhe que, se descansasse da linguagem, descansaria completamente, pelo feriado dado às crises, às repercussões, às exaltações, às feridas, às razões, etc. Vê a linguagem sob os traços duma velha mulher cansada (algo como uma antiga mulher-a-dias de mãos gastas) que suspira por uma certa *aposentação.*

O teatro

Na encruzilhada de toda a obra talvez esteja o teatro: não há efectivamente nenhum dos seus textos que não trate do teatro, de um certo teatro, e o espectáculo é a categoria universal sob cujos traços é visto o mundo. O teatro relaciona-se com todos os temas aparentemente especiais que passam e voltam a passar nos seus escritos: a conotação, a histeria, a ficção, o imaginário, a cena, a venustidade, o quadro, o Oriente, a violência, a ideologia (a que Bacon chamava «um fantasma de teatro»). Aquilo que o atraiu foi menos o signo do que o sinal, o cartaz: a ciência que ele desejava não era uma semiologia, era uma *sinalética*.

Não acreditando na separação do afecto e do signo, da emoção e do seu teatro, não podia *exprimir* uma admiração, uma indignação, um amor, com medo de a significar mal. Assim, quanto mais comovido está mais insípido fica. A sua «serenidade» não é mais do que o constrangimento dum actor que não se atreve a entrar em cena com medo de representar excessivamente mal.

Incapaz de se tornar a si mesmo convincente, é, no entanto, precisamente a convicção do outro que o torna a seus olhos um ser de teatro e o fascina. Pede ao actor que lhe mostre mais um corpo convicto do que uma paixão verdadeira. Eis talvez a melhor cena de teatro que ele jamais viu: no vagão-restaurante belga alguns funcionários (alfândega, polícia) sentaram-se a um canto; comeram com tanto apetite, tanto conforto e tanto cuidado (escolhendo os condimentos, os bocados, os talheres apropriados, preferindo, num relance seguro, o bife ao frango insípido), com maneiras tão adequadas ao alimento (limpando cuidadosamente do peixe o molho duvidoso, dando leves toques no iogurte para lhe tirar a cápsula, raspando o queijo em vez de o descascar, usando a faca na maçã como se fosse um bisturi), que todo o serviço Cook ficou por este facto subvertido: comeram o mesmo que nós mas não era a mesma ementa. Tudo se tinha portanto alterado, duma extremidade do vagão para a outra, por simples acção duma convicção (relação do corpo não com a paixão ou com a alma mas com o prazer).

O tema

A crítica temática sofreu, nestes últimos anos, um grande descrédito. No entanto não se deve abandonar essa ideia crítica cedo de mais. O tema é uma noção útil para designar esse local do discurso onde o corpo avança *à sua própria responsabilidade,* e por isso mesmo evita o signo: o «rugoso», por exemplo, não é nem significante nem significado, nem as duas coisas ao mesmo tempo: fixa aqui e, ao mesmo tempo, remete para mais longe. Para fazer do tema um conceito estrutural, bastaria um leve delírio etimológico: tal como as unidades estruturais são aqui e além «morfemas», «fonemas», «monemas», «gostemas», «vestemas», «erotemas», «biografemas», etc., imaginemos, segundo a mesma consonância, que o «tema» é a unidade estrutural da tese (o discurso ideal): aquilo que é apresentado, recortado, proposto pela enunciação e permanece como a *disponibilidade do sentido* (antes de se tornar por vezes no seu fóssil).

Conversão do valor em teoria

Conversão do Valor em Teoria (distraído, leio na minha ficha: *convulsão,* mas está bem): diremos, parodiando Chomsky, que todo o Valor é *reescrito* (→) em Teoria. Esta conversão – esta convulsão – é uma energia (um *energon*): o discurso produz-se através desta tradução, desta deslocação imaginária, desta criação de álibi. Originada em Valor (o que não quer dizer que seja menos fundamentada), a Teoria torna-se um objecto intelectual, e este objecto é apanhado numa circulação mais ampla (reencontra um outro imaginário do leitor).

A máxima

Paira neste livro um tom de aforismo (*nós, a gente, sempre*). Ora, a máxima está comprometida numa ideia essencialista da natureza humana, está ligada à ideologia clássica: é a mais arrogante (e por vezes a mais estúpida) das formas da linguagem. Porque não a deitar fora então? A razão disso é, como sempre, emotiva: escrevo máximas (ou esboço o seu movimento) *para me tranquilizar;* quando surge alguma perturbação eu atenuo-a remetendo-me para uma fixidez que me ultrapassa: *«no fundo é sempre assim»;* e nasceu a máxima. A máxima é uma espécie de *frase-nome,* e nomear é acalmar. Isto é de resto mais uma máxima: atenua o meu receio de parecer deslocado ao escrever máximas.

(Telefonema de X.: conta-me as férias dele mas nada pergunta sobre as minhas, como se eu não tivesse saído de casa durante dois meses. Não vejo nisso qualquer indiferença; antes a manifestação duma defesa: *onde eu não estive o mundo permaneceu imóvel:* grande segurança. É desta maneira que a imobilidade da máxima tranquiliza as organizações aflitas.)

O monstro da totalidade

«Imaginem, se puderem, uma mulher coberta com um vestido sem fim, ele próprio tecido com tudo o que diz o jornal da Moda...» (*SM*, 53). Esta imaginação, aparentemente metódica, uma vez que se limita a pôr em acção uma noção operatória da análise semântica («o texto sem fim»), visa sub-repticiamente denunciar o monstro da Totalidade (a Totalidade como monstro). A Totalidade causa ao mesmo tempo riso e medo: não seria ela, tal como a violência, sempre *grotesca* (e então só recuperável numa estética do Carnaval)?

Outro discurso: neste dia 6 de Agosto, no campo, uma manhã dum dia esplêndido: sol, calor, flores, silêncio, calma, esplendor. Nada há que vagueie, nem o desejo nem a agressão; apenas o trabalho aqui está, à minha frente, como uma espécie de ser universal: está tudo cheio. Será então isto a Natureza? Uma ausência... do resto? A *Totalidade*?

6 de Agosto de 1973 – 3 de Setembro de 1974.

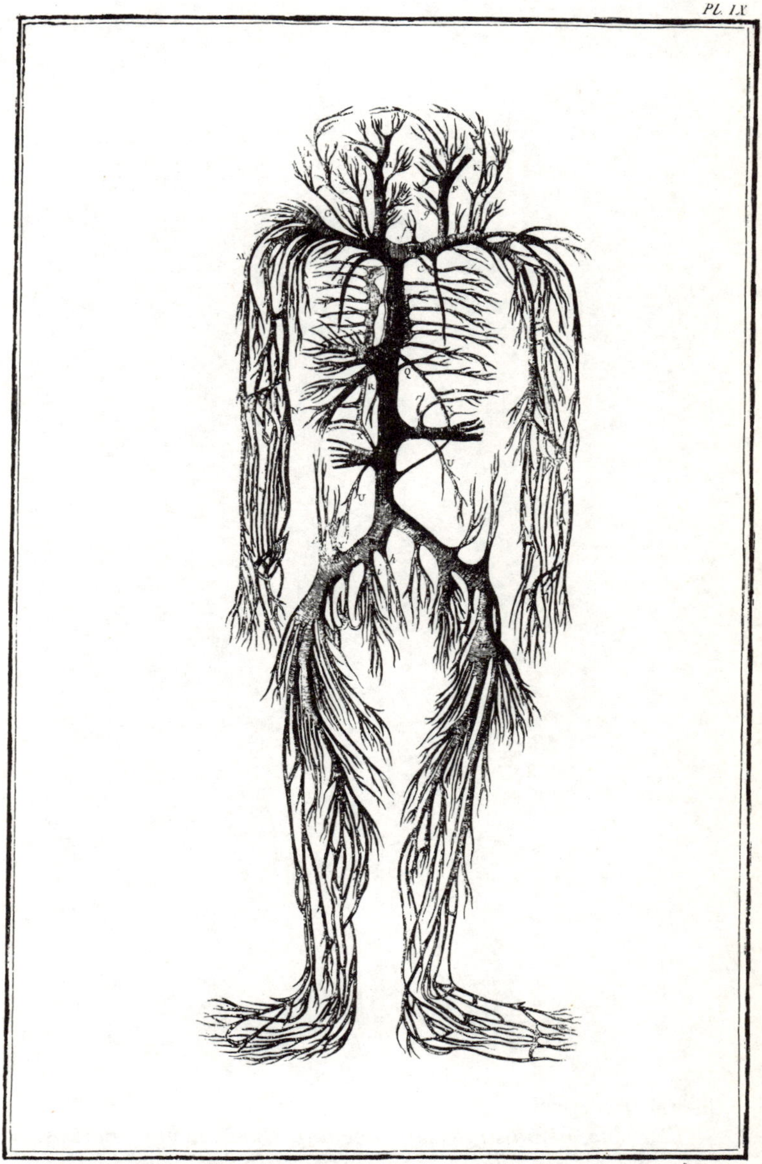

Benard fecit

Anatomie

Escrever o corpo.
Nem a pele, nem os músculos, nem os ossos, nem os nervos, mas sim o resto: um «isso» grosseiro, fibroso, desfiado, separado, o casacão de um palhaço.

BIOGRAFIA(*)

12 Nov. 1915	Nascimento, em Cherburgo, filho de Louis Barthes, oficial de marinha, e Henriette Binger.
26 Out. 1916	Morte de Louis Barthes, num combate naval, no mar do Norte.
1916-1924	Infância em Baiona. Estudos primários no liceu desta cidade.
1924	Instalação em Paris, Rua Mazarine e Rua Jacques-Callot. A partir de então, todas as férias escolares em Baiona, em casa dos avós Barthes.
1924-1930	No Liceu Montaigne, do 8° ao 4°.
1930-1934	No Liceu Louis-le-Grand, do 3° à Filosofia. Bacharelatos: 1933 e 1934.
10 Maio 1934	Hemoptise. Lesão do pulmão esquerdo.
1934-1935	Cura livre nos Pirinéus, em Bedous, no vale de Aspe.
1935-1939	Sorbona: licenciatura em Clássicas. Fundação do Grupo de Teatro Antigo.
1937	Isento do serviço militar. Leitor durante o Verão em Debreczen (Hungria).
1938	Viagem à Grécia com o Grupo de Teatro Antigo.
1939-1940	Professor do 4° e do 3° (delegado do reitor) nos liceus Voltaire e Carnot, em Paris. Diploma de Estudos Superiores (sobre a tragédia grega).

(*) Uma biografia pormenorizada pode ser encontrada em «Réponses», *Tel Quel*, 47. 1971 (*Nota à edição francesa*).

Outubro 1941	Recaída de tuberculose pulmonar.
1942	Primeira estada no Sanatório dos Estudantes, em Saint-Hilaire-du-Touvet, em Isère.
1943	Convalescença na Post-Cure da Rua Quatrefages, em Paris, último certificado de licenciatura (gramática e filologia).
Julho 1943	Recaída do pulmão direito.
1943-1945	Segunda estada no Sanatório dos Estudantes. Cura de silêncio, cura de declive, etc. No sanatório, alguns meses de P.C.B., com a intenção de fazer medicina psiquiátrica. Durante a cura, recaída.
1945-1946	Continuação da cura em Leysin, na Clínica Alexandre, dependente do Sanatório Universitário Suíço.
Outubro 1945	Pneumotórax extrapleural direito.
1946-1947	Em convalescença em Paris.
1948-1949	Bibliotecário adjunto, e depois professor, no Instituto Francês de Bucareste, e leitor na Universidade desta cidade.
1949-1950	Leitor na Universidade de Alexandria (Egipto).
1950-1952	Na Direcção-Geral das Relações Culturais, Serviço de Ensino.
1952-1954	Estagiário de investigação no C.N.R.S. (lexicologia).
1954-1955	Conselheiro literário nas Éditions de l'Arche.
1955-1959	Agregado de investigação no C.N.R.S. (sociologia).
1960-1962	Chefe de trabalhos da VI Secção da École Pratique des Hautes Études. Ciências económicas e sociais.
1962	Director de estudos na École Pratique des Hautes Études. («Sociologia dos signos, símbolos e representações»).

(Uma vida: estudos, doenças, nomeações. E o resto? Os encontros, as amizades, os amores, as viagens, as leituras, os prazeres, as crenças, as alegrias, as felicidades, as indignações, as angústias: numa palavra: as ressonâncias? – No texto – mas não na obra.)

Roland Barthes por Roland Barthes

BIBLIOGRAFIA 1942-1974

LIVROS

Le Degré zéro de l'écriture, Paris, Éd. du Seuil, «Pierres vives», 1953. Em livro de bolso, com os *Élements de sémiologie,* Paris, Gonthier, «Médiations», 1965; com os *Nouveaux essais critiques,* Paris, Éd. du Seuil, «Points», 1972. Traduções em alemão, italiano, sueco, inglês, espanhol, checo, holandês, japonês, português [*O Grau Zero da Escrita,* seguido de *Elementos de Semiologia,* Lisboa. Edições 70, 1973] e catalão.

Michelet par lui-même, Paris, Ed, du Seuil, «Écrivains de toujours», 1954.

Mythologies, Paris, Éd, du Seuil, «Pierres vives», 1957. Em livro de bolso, Paris, Ed – du Seuil, «Points», 1970, com um novo prefácio. Traduções em italiano, alemão, polaco, inglês, português [*Mitologias*, Lisboa, Edições 70, 1973].

Sur Racine, Paris, Ed. du Seuil, Pierres vives», 1963. Traduções em inglês, italiano, romeno.

Essais critiques, Paris, Éd, du Seuil, «Tel Quel», 1964. 6.ª edição com um novo prefácio. Traduções em italiano, sueco, espanhol, alemão, sérvio, japonês, inglês e português [*Ensaios Críticos*, Lisboa, Edições 70, 2009[2]].

Élements de semiologie, em livro de bolso com *Le Degré zéro de l'écriture,* Paris, Gonthier, 1965. Traduções em italiano, inglês, checo, holandês, espanhol e português [*Elementos de Semiologia*, Lisboa, Edições 70, 2006[2]].

Critique et Vérité, Paris, Éd. du Seuil, «Tel Quel», 1966. Traduções em italiano, alemão, catalão, português [*Crítica e Verdade*, Lisboa, Edições 70, 2007[2]] e espanhol. *Système de la Mode,* Paris, Éd, du Seuil, 1967. Tradução em italiano.

S/Z, Paris, Ed. du Seuil, «Tel Quel», 1970. Traduções em italiano, japonês, inglês e português [*S/Z*, Lisboa, Edições 70, 1980].

L'Empire des signes, Genebra, Skira, «Sentiers de la création», 1970.

Sade, Fourier, Loyola, Paris, Éd. du Seuil, «Tel Quel», 1971. Tradução em alemão e português [*Sade, Fourier Loyola*, Edições 70, 1974].

La Retorica antiqua, Milão, Bompiani, 1973 (versão francesa em Communications, 16, 1970).
Nouveaux essais critiques, em livro de bolso com *Le Degré zéro de l'écriture*, Paris, Ed. du Seuil, «Points», 1972.
Le Plaisir du Texte, Paris, Éd, du Seuil, «Tel Quel», 1973. Tradução em alemão e português [*O Prazer do Texto*, Lisboa, Edições 70, 1974, 2009^2].

PREFÁCIOS, COLABORAÇÕES, ARTIGOS (*)

1942 «Notes sur André Gide et son Journal», *Existences* (revue du Sanatorium des étudiants de Fronde, Saint-Hilaire--du-Touvet).
1944 «En Grèce», *Existences*,
«Réflexions sur le style de *l'Étranger*», *Existences*
1953 «Pouvoirs de la tragédie antique», *Théatre populaire*, 2.
1954 «Pré-romans», *France-Observateur*, 24 Junho 1954.
«Théatre capital» (sur Brecht), *France-Observateur*, 8 Julho 1954.
1955 «Nekrassov juge de sa critique», *Théâtre* populaire, 14.
1956 «A l'avant-garde de quel théâtre?», *Théâtre populaire*, 18.
«*Aujourd'hui ou les Coréens*, de Michel Vinaver», *France-Observateur*, 1 Novembro 1956.
1960 «Le problème de la signification au cinéma» et «Les unités traumatiques au cinéma», *Revue internationale de filmologie*, X, 32-33-34.
1961 «Pour une psychosociologie de l'alimentation contemporaine», *Annales*, 5.
«Le message photographique», Communications, I.
1962 «A propos de deux ouvrages de Cl. Lévi-Strauss: sociologie et socio-logique», *Information sur les sciences sociales*, I, 4.
1964 «La tour Eiffel», in *La Tour Eiffel* (images d'André Martin), Paris, Delpire, «Le génie du lieu», 1964.
«Rhétorique de l'image», *Communications*, 4.
1965 «Le théâtre grec», in *Histoire des spectacles*, Paris, Gallimard, «Encyclopédie de la Pléiade», p. 513-536.

(*) Trata-se de uma selecção. Pode-se encontrar uma bibliografia completa dos artigos, até 1973, em Stephen Heath, *Vertige du déplacement, lecture de Barthes*, Fayard. «Digraphe», 1974 (*Nota à edição francesa*).

1966 «Les vies parallèles» (sur le *Proust* de G. Painter), *la Quinzaine litteraire*, 15 Março 1966.
«Introduction à l'analyse structurale des récits», *Communications, 8.*

1967 Préface à *Verdure* d'Antoine Gallien, Paris, Éd. du Seuil, «Écrire», 1967.
«Plaisir au langage» (sur Severo Sarduy), *la Quinzaine littéraire,* 15 Maio 1967.

1968 «Drame, poéme, roman» (sur *Draine* de Ph. Sollers), in *Théorie d'ensemble,* Paris, Éd. du Seuil, 1968.
«L'effet de réel», *Communications,* 11.
«La mort de l'auteur», *Mantéia, V.*
«La peinture est-elle un langage?» (Sur J.-L Schefer), la *Quinzaine littéraire,* 15 Março 1968.

1969 «Un cas de critique culturelle» (sur les Hippies), *Communications,* 14.

1970 «Ce qu'il advient au signifiant», préface à *Eden, Eden, Eden,* de Pierre Guyotat, Paris, Gallimard, 1970.
Préface à *Erté* (en italien), Parme, Franco-Maria Ricci, 1970 (version française en 1973).
«Musica practica» (sur Beethoven), *l'Arc,* 40.
«L'Étrangère» (sur Julia Kristeva), la *Quinzaine littéraire,* 1 maio 1970.
«L'esprit et la lettre» (sur *la Lettre et l'Image,* de Massin), *Ia Quinzaine litéraire*, 1 Junho 1970.
«Le troisième sens, notes de recherche sur quelques photogrammes de S. M. Eisenstein», *Cahiers du Cinéma,* 222. «L'ancienne Rhétorique, aide-mémoire», *Communications,* 16.

1971 «Style and its image», in *Literary Style: a symposium,* éd. S. Chatman, Londres et New York, Oxford University Press, 1971.
«Digressions», *Promesses,* 29.

1971 «De l'oeuvre au texte», *Revue d'esthétique, 3.*
«Écrivains, intellectuels, professeurs», *Tel Quel,* 47.
«Réponses», Tel *Quel,* 47.
«Languages et war in a culture at peace», *Times literary Supplement,* 8 outubro 1971.

1972 «Le grain de la voix», *Musique en jeu, 9.*

1973 «Théorie du Texte» (article «Texte»), *EncycIopaedia Universalis*, tome XV.

«Les sorties du texte», in Bataille, Paris, Union générale d'éditions, «10/18», 1973.
«Diderot, Brecht, Eisenstein», in *Cinéma, Théorie, Lectures* (numéro special de la *Revue d'esthétique)*, Paris, Klincksieck.
«Saussure, le signe, la démocratie», *le Discours social*, 3-4. «Réquichot et son corps», in *l'OEuvre de Bernard Réquichot*, Bruxelles, Ed. de la Connaissance, 1973.
«Aujourd'hui, Michelet», *l'Arc, 52.*
«Par-dessus l'épaule» (sur H de Ph. Sollers), Critique, 318. «Comment travaillent les écrivains» (interview), *le Monde,* 27 Setembro 1973.
1974 «Premier texte» (pastiche du *Criton), l'Arc,* 56. «Au séminaire», *l'Arc,* 56.
«Alors la Chine?», *le Monde,* 24 Maio 1974.

OBRAS E NÚMEROS DE REVISTAS DEDICADAS A ROLAND BARTHES

Mallac (Guy de) et Eberbach (Margaret), *Barthes,* Paris, Éditions universitaires, «Psychothèque», 1971.
Calvet (Louis-Jean), *Roland Barthes, un regard politique sur le signe*, Paris, Payot, 1973.
Heath (Stephen), *Vertige du déplacement, lecture de Barthes*, Paris, Fayard, «Digraphe», 1974.
Número especial da revista *Tel Quel*, 47, outubro 1971. Número especial da revista *l'Arc,* 56, 1974.

A grafia para nada...

TEXTOS CITADOS

LIVROS

CV *Critique et Vérité*, 1966
DZ *Le Degré zéro de l'écriture*, ed. 1972
EC *Essais critiques*, 1964
EpS *L'Empire des signes*, 1971
Mi *Michelet par lui-même*, 1954
My *Mythologies*, 1970
NEC *Nouveaux Essais critiques*, 1972
PlT *Le Plaisir du Texte*, 1973
SFL *Sade, Fourier, Loyola*, 1971
SM *Système de la Mode*, 1967
SR *Sur Racine*, 1963
S/Z *S/Z*, 1970

PREFÁCIOS, COLABORAÇÕES, ARTIGOS

Er *Erté*, 1970
Ré *Réquichot*, 1973
SI «Style and its Image», 1971

1942 «Notes sur André Gide et son Journal»
1944 «En Grèce»
1953 «Pouvoirs de la tragédie antique»
1954 «Pré-romans»
1956 «Aujourd'hui ou les Coréens»
1962 «A propos de deux ouvrages de Cl. Lévl-Strauss»
1968, I «La mort de l'auteur»

ST	«Les sorties du texte», 1973
TE	«La Tour Eiffel», 1964

1968, II	«La peinture est-elle un langage?»
1969	«Un cas de critique culturelle»
1970, I	«L'esprit et la lettre»
1970, II	«L'ancienne rhétorique»
1971, I	«Digressions»
1971, II	«Réponses»
1973	«Aujourd'hui, Michelet»
1974	«Premier texte»

...ou o significante sem significado.

IMAGENS(*)

(*) Salvo indicação específica, os documentos pertencem ao autor (*Nota à edição francesa*).

32. Cherbourg, 1916.
32. Numa pequena praia de Cibourne, hoje desaparecida, cerca de 1918.
33. Baiona, Marrac, cerca de 1919.
34. Baiona, Marrac, 1923.
35. Tóquio, 1966. – Milão, cerca de 1968 (fotografia de Carla Cerati).
36. A casa de U. (fotografia de Myriam de Ravignan).
37. Biscarosse, Landes, com a mãe e o irmão.
38. Biscarosse. Landes, cerca de 1932.
39. Paris, 1974 (fotografia de Daniel Boudinet).
40. Hendaia, 1929.
41. 1932, à saída do Liceu Louis-le-Grand, no *boulevard* Saint-Michel, com dois colegas.
42. 1933, trabalho de último ano.
43. 1936, representação de *Os Persas* no pátio da Sorbonne, pelos estudantes do Grupo de Teatro Antigo da Sorbonne.
44. 1937, no bosque de Bolonha.
45. No Sanatório dos Estudantes: a folha da temperatura (1942-1945).
47. 1942, no Sanatório. – 1970 (fotografia de Jerry Bauer).
48. Paris, 1972.
49. Paris, 1972. – Juan-les-Pins, casa de Daniel Cordier, Verão de 1974 (fotografia de Youssef Baccouche).
50. Palmeiras em Marrocos (fotografia de Alain Benchaya).
52. Paris, 1974 (fotografia de Daniel Boudinet).
70. Roland Barthes, composição musical inspirada numa poesia de Charles d'Orléans, 1939.
93. Roland Barthes, fichas de trabalho.
108. Roland Barthes, feltros de cor, 1972.
125. Roland Barthes, manuscrito dum fragmento.
137. Roland Barthes, feltros de cor, 1972.
157. *Internationall Herald Tribune*, 12-13 de Outubro de 1974.
179. Desenho de Maurice Henry: Michel Foucault, Jacques Lacan, Claude Lévi-Strauss e Roland Barthes *(La Quinzaine littéraire)*.
191. Provas de CAPES, literatura moderna (senhoras), 1972: relatório do júri do concurso.

199. Roland Barthes, fichas.
208. Seminário da Escola de Altos Estudos, 1974 (fotografia de Daniel Boudinet).
221. *Enciclopédia* de Diderot: *Anatomia*: os troncos da veia cava com as suas ramificações dissecadas num corpo adulto.
228. Roland Barthes, Tinta, 1971.
230. Roland Barthes, Escrita, 1972.

ÍNDICE

Et après?

– Quoi écrire, maintenant? Pourrez-vous encore écrire quelque chose?
– On écrit avec son désir, et je n'en finis pas de désirer.

(*Tradução:*

E depois?

– que escrever agora? Seríeis ainda capazes de escrever alguma coisa?
– escreve-se com o desejo, e eu não paro de desejar.)